사회성 기술 향상 프로그램 지도서

따뜻한 친구가 되어 줄게요!

전상신·김은경 지음

파라다이스 복지재단은
장애인과 우리 주변의 소외계층에게
따뜻한 사랑을 나누고 더불어 살아가는
희망을 전하겠습니다.

재단법인 파라다이스 복지재단은 기업 이윤의 사회 환원을 통해 더불어 살아가는
사회를 구현하고 행복한 미래를 창조하기 위해 1994년에 설립되었습니다.

장애인을 비롯한 소외계층의 어려움을 함께 나누고 보다 풍요로운 미래를
디자인 하겠다는 한결같은 열정으로 교육, 치료, 문화 예술 등 다양한 영역의
복지사업을 수행해 오고 있습니다.

장애인을 위한 전문 특성화 재단으로 특히 장애아동과 청소년에게 필요한
차별화된 콘텐츠 및 프로그램을 연구·개발하고 현장에 보급함으로써
장애인을 위한 복지서비스의 패러다임을 선도하고 있습니다.

저자 서문

"선생님, 욕도 많이 하고 사과도 잘 하지 않는 우리 형은 친구가 많은데 저는 왜 친구가 없어요?"
사회성 기술 훈련 프로그램에 참여했던 아스퍼거 증후군을 가진 한 아동이 어느 날 물어온
질문이다. 센터에 와서도 열심히 배우고 개그 프로그램이나 다양한 예능 프로그램을 보고
따라하며 노력하는데 자신은 왜 욕쟁이 형만큼 친구가 없는 것인지 심각한 얼굴로 물어온 그
아동의 진지한 목소리가 간간히 맴돌곤 한다.

"선생님, 죄송해요. 저도 잘 하고 싶은데 자꾸 이렇게 돼요. 전 왜 이래요. 너무 미안해요."
한시도 가만히 있지 못하는 부산함과 과잉행동, 반복되는 또래 관계 실패, 학교 부적응으로 놀이
치료를 받던 주의력결핍 과잉행동장애를 가진 아동이 치료실의 장난감 로봇 다리들을 순식간에
연속 부러뜨린 후 눈물을 뚝뚝 흘리며 한 말이다. 그 아동의 눈물 가득한 눈망울이 지금도 눈에
선해 마음을 애잔하게 한다.

언어 및 인지 발달의 제한이 없음에도 불구하고 사회적 기대 및 관습을 알지 못하여 사회적 의사
소통의 어려움을 보이는 아스퍼거 증후군 아동과 충동성, 과잉행동, 주의집중의 어려움으로 인해
사회적 관계의 제한을 보이는 주의력결핍 과잉행동장애 아동은 사회적 상황에 대한 이해와 사회적
기술 습득을 위해 직접적이고 체계적인 지도를 필요로 한다. 대부분의 아동들이 자세한 설명이나
지도를 받지 않더라도 일상생활이나 학교생활, 또래관계에서 해야 하는 것과 해서는 안 되는 것에
대해 자연스럽게 배워 알게 되는 것과는 달리, 아스퍼거 증후군 또는 주의력결핍 과잉행동장애를
가진 아동은 사회적 관습, 기대, 기술, 행위 등을 포함한 잠재적 사회교육과정(hidden social
curriculum) 학습에 제한이 있다.

잠재적 사회교육과정은 일종의 사회적 룰(rule) 즉, 사회적 규칙을 의미하며 아동들이 일반적으로
알고 있을 것으로 가정하여 직접적으로 지도되지 않는 지침이다. 그러나 사회적 인지의 제한을
가지고 있는 아스퍼거 증후군의 아동들이나 주의력결핍 과잉행동장애의 아동들은 자신들이 처한
사회적 상황 본연의 의미를 파악하지 못하거나 전혀 다른 의미로 받아 들여 또래뿐만 아니라
가족들과의 관계에서도 혼란을 경험하게 된다.

모든 잠재적 규칙을 설명할 수는 없을 것이다. 그러나 잠재적 사회교육과정 내에 있는 사회적 기대 및 규칙을 어기게 될 경우 사회적 관계에서 어려움과 곤란함에 처하게 됨은 분명하다. 따라서 아스퍼거 증후군 또는 주의력결핍 과잉행동장애의 아동을 대상으로 학교생활 및 또래관계에서 요구되는 잠재적 사회교육과정에 대한 체계적이고 직접적인 지도가 필요하다.

[따뜻한 친구가 되어줄게요!]는 이러한 잠재적 사회교육과정을 직접적으로 지도하기 위해 개발된 프로그램이다. [따뜻한 친구가 되어줄게요!]는 체계적인 문헌 연구, 효과적인 요소 중심의 프로그램 개발 연구, 프로그램 효과 검증 실험 연구 등을 통해 효과가 검증된 실제이다. 또한 반복 시행이 가능할 수 있도록 상세하게 기술되어 있고, 아동에게 있어 핵심적·자연적 환경인 부모가 참여하는 프로그램을 포함하고 있어서 아동이 습득한 기술을 일반화 하는 데에도 도움이 될 수 있다.

물론 이 책 한권만으로 또래관계나 학교 적응에 어려움을 겪고 있는 아동들의 모든 문제를 해결할 수는 없다. 그러나 이 프로그램에서 제안하고 있는 사회성 기술 향상을 위한 접근 방법은 아스퍼거 증후군의 아동들이나 주의력결핍 과잉행동장애의 아동들에게는 분명 긍정적인 변화를 가져 올 것이다. 이 아동들의 독특한 특성을 이해하고 있는 관련 전문가 및 부모들이라면 이 책에서 다루고 있는 사회성 기술 외에도 아동들에게 필요한 사회성 기술을 이 프로그램에서 제시하고 있는 방법을 활용하여 적극적으로 적용해보길 권한다. 이 프로그램을 통해 우리 아동들이 경험하게 되는 사회적 상황에서의 제한을 줄이고 학교생활 및 또래 관계에 긍정적 영향을 미쳐서 아동의 삶의 질이 향상되길 기대한다. 그리고 멀지 않은 시간 안에 이 아동들이 왜 자신이 친구를 잘 사귀지 못하는지를 이해하고 마음이 통하는 친구를 만들어 갈 수 있는 답과 실수를 줄여가며 자기만족을 높일 수 있는 답을 스스로 찾아갈 수 있게 되길 바래본다.

2016년 1월 저자 일동

차 례

Part 4. 부모용 유인물

PART 1
프로그램의 대상

1. 사회성 기술 향상 프로그램의 필요성

2. 아스퍼거 증후군 이해하기

3. 주의력결핍 과잉행동 장애 이해하기

1. 사회성 기술 향상 프로그램의 필요성

사람은 일생동안 많은 사람들과 관계를 맺으며 살아간다. 태어나서는 가정에서 엄마, 아빠와 가족 관계를 바탕으로 성장하고, 학교에 들어가서는 가정보다 큰 학교라는 새로운 울타리 안에서 또래들과 어울리면서 다양한 사람들과 관계를 맺으며 성장해 간다. 또래들과의 상호작용을 통해 친밀감과 갈등을 경험하고, 또래 문화를 중심으로 타인과 관계하기, 문제해결을 위해 협력하기, 놀이에서 협동하기 등의 중요한 사회적 기술도 학습하며 보다 큰 사회의 한 구성원으로서 살아가기 위한 준비를 한다.

그러나 장애나 어떠한 환경적 어려움 또는 부족함이 없음에도 불구하고 가족이나 또래, 주변의 사람들과 안정된 관계 맺기에 반복적으로 어려움을 보이는 아동들이 있다. 평균 이상의 지적 수준을 갖고 의사소통에도 큰 어려움이 없으며 때로는 어떤 한 영역에서 월등한 능력을 보이거나 학업에 두각을 보이기도 하는 아동들임에도 말이다. 초등학교에 입학하기 전 이 아동들이 보이는 부산스러운 행동이나 다소 불안정한 정서 상태, 고집스러운 행동, 충동적 행동과 놀이, 독특한 식습관 등은 아동이 아직 어려서 보이는 행동이라고 넘어가게 된다. 또 다른 면에서는 아동이 나이에 맞지 않는 집중력과 독서량, 독학으로 외국어나 한자어 습득하기, 자신이 좋아하는 한 분야에서의 월등함을 보이는 경우가 있다. 이런 경우에는 아동이 보이는 영특함으로 인해 영재로 여겨지기도 한다. 그러나 아동이 초등학교에 입학하여 다소 엄격해지는 집단생활의 규칙과 다양한 또래 문화, 학교에서의 무수한 돌발적 상황들에 노출되면서 여느 아동들과는 다른 유별난 모습들이 더욱 두드러지게 나타나고 또래들 사이에서 튀기 시작한다.

물론 초등학교에 입학하기 전, 이미 아동이 보인 일반적이지 않은 행동들로 인해 전문가에게 검사를 의뢰하여 진단을 받고 자녀만의 독특성을 인정하는 부모도 있다. 그러나 아동이 초등학교에 입학하여 담임선생님에게 몇 통의 전화를 받은 후에야 조금씩 자녀의 남다름을 인정하기 시작하는 경우도 적지 않다. 부모들은 주변의 권유로 자녀에 대한 정확한 발달 수준을 파악하기 위하여 검사를 의뢰하기도 하고 현재 자녀가 보이는 부적응적인 행동이 별일이 아님을 확인받기 위해 검사를 신청하기도 한다. 그 결과, 많은 수의 아동들이 주의력 결핍 과잉행동장애(Attention Deficit Hyperactivity Disorder: 이하 ADHD), 또는 이름도 생소한 아스퍼거 증후군(Asperger's Syndrome: 이하 AS)이라는 진단을 받는다.

ADHD나 AS가 나타나는 원인에는 분명한 차이가 있으며 행동 특성도 면밀히 살펴보면 다르다. 그러나 이들은 학교 및 집단생활의 부적응과 또래관계에서의 어려움이라는 공통점을 갖고 있다. 때로 AS는 ADHD로 진단이 되는 경우도 적지 않으나 AS가 ADHD를 함께 갖고 있거나 오진일 경우도 드물지 않다.

AS는 전반적 발달 장애 즉, 자폐스펙트럼장애의 한 유형(DSM-Ⅳ-TR, ICD-10)으로 지적발달이나 언

어발달에 지체가 없어 조기에 발견되기 쉽지 않은 발달장애이다.[1]

AS는 사회적 상황을 이해하지 못하며 상호적인 대화를 하는 능력이 부족하여 친사회적 행동이나 사람과의 관계 맺기 및 관계 유지하는 것에 어려움이 있고 특정 주제에 지나치게 관심을 갖는 등의 독특함을 보인다는 특성이 있다. 흔히 7세에서 11세의 학령기가 되어서야 진단을 받게 되는 경우가 많다. 그러나 이들의 부모들은 생애 초기부터 자녀들의 언어발달 지연이나 공감능력의 결함, 애착의 문제, 고집스러운 행동이나 이해할 수 없는 행동 등 양육을 하며 독특하거나 힘들었던 경험들을 공통적으로 이야기한다.

명칭 그대로 주의력이 결핍되어 있으며 과잉행동과 충동성이 대표적 특징인 ADHD 또한 대부분은 지능과 언어능력이 평균 이상이라는 특징을 보인다. ADHD 아동도 이들이 갖고 있는 다양한 행동문제 및 충동성 등으로 인해 친사회적 기술 습득에 어려움이 있으며 또래관계를 형성하거나 유지하는 것이 쉽지 않을 뿐 아니라 학교나 단체 활동 등 집단 적응에 어려움이 있다.

AS나 ADHD 모두 외현적으로 특별한 장애적 특성을 보이지 않기 때문에 이 아동들은 인성이 독특하거나 여러 가지 행동 문제를 나타내는 개성 강한 아동쯤으로 여겨지는 경우가 많다. 친사회적 기술 및 의사소통에 대한 어려움이 가장 큰 특징이라고 할 수 있는 AS 아동이나 ADHD 아동은 학교나 친구관계에서 부적응적인 모습을 많이 보인다. 이 아동들은 반복적으로 부정적 경험을 하게 되면서 점차 심각한 불안이나 우울 등 정서적 문제가 유발되는 경우도 적지 않다. 청소년기까지 이어지는 지속되는 학교부적응, 또래관계의 실패는 공격행동이나 위축행동 같은 문제 행동으로 이어지거나 분노폭발로 나타나기도 한다.

ADHD를 가진 아동은 물론이거니와 AS를 가진 아동도 또래들과 사회적 상호작용을 하며 우정을 만들어가기를 원한다. 그러나 이들은 자신들이 처해있는 사회적 맥락을 적절히 이해하는데 어려움이 있으며 그 상황에 맞게 적절한 사회적 반응을 보이는 데 결함이 있다. 특히 AS를 가진 아동은 자기중심적인 생각으로 자신만의 관심사에 몰입하는 경우가 많으며 자기 고집대로 하려고 하여 이기적이고 고집쟁이라는 오명을 받기도 쉽다. AS의 대표적인 특징이 타인의 생각이나 관점을 이해하지 못하며 감정이입이 부족하고 사회적 몸짓, 안면 표정과 같은 비언어적 단서 및 사회적 단서를 읽는데 어려움을 보이는 것이라는 점을 생각한다면 무리한 평가라고도 할 수 없다. 또한 ADHD를 가진 아동은 AS와는 달리 사회적 맥락 파악이나 타인의 생각이나 관점을 이해할 수 있는 능력이 있음에도 불구하고 그것을 파악하기도 전에 충동행동과 과잉행동이 우선적인 반응으로 나타나기 때문에 또래들과 끊임없는 갈등 상황이 발생하게 되며 빈번하게 학교생활에 어려움을 경험한다.

---

1) 미국정신의학회(American Psychiatric Association)에서는 2013년 '정신장애 진단 및 통계 편람 제5판(Diagnostic and Statistical Manual of Mental Disorders, 5th ed. DSM-5)'을 개정하면서 자폐스펙트럼장애 진단 준거를 이전의 범주적 접근에서 차원적 틀로 변경하였음. 이에 '전반적 발달장애'라는 명칭대신 '자폐스펙트럼 장애'를 공식 진단명으로 제시하고 '아스퍼거 증후군'이라는 하위진단명을 삭제하였음. 그러나 현재 임상현장과 국제질병분류 제10판(International Classification of Diseases 10: ICD-10)에서는 '아스퍼거 증후군'의 명칭을 사용하고 있음. 이 책에서는 '아스퍼거 증후군'이라는 명칭을 사용하고자 함.

학교에 적응하고 집단에서 이탈하지 않으며 바람직한 친구관계를 형성하는 것은 모든 아동들에게 매우 필요한 교육적 목표이다. 특히 학령기 아동에게 친구관계는 매우 중요한 발달과업인 동시에 일상생활에 활력을 주는 요소이다. 따라서 학교생활 적응에 어려움을 보이고 또래친구들과의 우정을 만들어 가는 데 한계가 있는 AS 또는 ADHD의 아동이 학교 및 또래문화에 적응할 수 있도록 도울 수 있는 효율적이며 효과적인 친사회적 기술 향상을 위한 프로그램이 그 무엇보다 중요하며 필요하다.

다른 사람의 관점을 이해하고 그 사람의 사고와 태도를 식별하는 능력인 조망수용 능력과 다른 사람의 감정과 비슷한 감정 상태로 반응하는 감정이입, 즉 공감 능력이 바탕이 되어야 하는 친사회적 기술은 자연스러운 환경에서 친구들과 놀이하며 몸소 배워나가는 것이 가장 효과적일 수 있다. 그러나 자신의 관점으로만 상황을 인식하는 제한을 보이는 경직된 인지적 특성, 타인의 마음이나 생각을 이해하는 마음이해 능력이나 공감능력의 부족, 사회적 기술과 규칙 이해의 어려움이 있는 AS를 가진 아동이나 상황에 쉽게 집중하지 못하고 충동적이며 과잉행동적인 ADHD를 가진 아동에게는 단순한 또래 집단의 경험이나 사회적 노출만으로는 친사회적 기술을 습득하는 데 한계가 있다. 다른 사람의 관점이나 생각, 상황을 이해하여 그것에 맞게 반응하는데 공통적으로 어려움이 있는 이 아동들을 위해서는 상황에 대한 명확하고 구체적인 설명과 그 상황에서 할 수 있는 또는 해야 하는 아동의 반응, 그러한 반응을 해야 하는 이유, 아동의 행동으로 인해 다른 사람들이 받게 되는 영향과 결과에 대해 이해할 수 있도록 하나하나 알려주어야 할 필요가 있다.

AS와 ADHD의 특성을 고려하여 보다 효과적인 지원을 제공하기 위한 방법으로는 개인의 행동을 변화시키기 위해 그의 인지에 초점을 맞추어야 한다는 가정에 기초한 인지행동중재가 있다. 인지와 행동 전략 모두를 내포하고 있는 인지행동중재(Cognitive Behavior Intervention: CBI)가 이들을 위해 효과적인 방법이라 할 수 있다. 인지행동중재는 마음이해 능력이나 정서 이해와 표현 및 관리에 어려움 있는 사람들을 돕기 위한 중재이다. 인지행동중재는 평균 이상의 지적 능력과 언어 능력을 보이며 사회적 활동에 참여하고자 하는 동기가 있고 우정을 형성하기를 기대하는 AS 또는 ADHD를 가진 아동에게 이들이 일상에서 경험하게 되는 사회적 맥락을 이해할 수 있게 하고 그와 연계된 친사회적 기술을 습득시켜 행동의 변화를 가져올 수 있게 하는 합리적인 접근 방법 중 하나이다. 친사회적 기술의 향상을 위한 인지행동중재의 구체적인 전략으로는 사회기술과 사회적 상황에 대한 구체적 설명, 눈에 보이는 시범, 아동들이 직접 해보는 역할놀이, 즉각적인 코칭과 피드백 등으로 새로운 기술에 대한 습득과 습득한 기술의 유지, 일반화를 위한 요소를 포함하고 있어야 한다.

친사회적 기술을 자연스러운 맥락에서 습득하는데 어려움이 있는 AS 또는 ADHD를 가진 아동은 습득한 기술을 상황에 맞게 자연스럽고 적절하게 사용하는 일반화에도 한계가 있다. 아동이 습득한 기술을 사회적 상황에 적용하여 사용하는 일반화시킬 수 있는 최선의 방법은 이들을 잘 이해하고 있는 훈련이 잘

된 수행비서를 채용하는 것이라는 말이 있다. 수행비서는 아동에게 현재 아동이 처해있는 상황이 어떤 상황이며 이 상황에서는 어떤 행동을 해야 하는지 그리고 아동의 행동에 따라 어떤 결과가 나타날 것인지를 구체적으로 설명하는 역할을 해야 한다. 상황을 파악하고 이해하여 그 이후를 예측할 수 있는 실행능력에 결함이 있는 이 아동들에게 옆에서 구체적인 정보를 제공하며 최고의 수행비서의 역할을 할 수 있는 이는 이들의 부모이다. 자신의 자녀들이 새롭게 배운 적응 기술이 무엇이며 어떻게 수행해야 하는지를 이해하고 그 내용으로 가정이나 일상생활에서 자녀들을 지도할 수 있다면 이 아동들은 새롭게 습득한 기술을 보다 잘 유지하고 일반화하는데 도움이 될 것이다. 새롭게 배운 것을 일상생활에서 일반화하여 적용하는데 한계가 있는 아동에게는 친숙한 누군가 즉, 가족의 참여가 무엇보다도 중요한 성공의 요인이 된다.

이 책에서 소개하고 있는 프로그램은 위와 같이 학교생활과 또래관계에 어려움을 경험하고 있는 AS 또는 ADHD를 가진 아동들이 그들이 경험하게 되는 사회적 상황을 이해하고 그에 맞는 적절한 반응 및 기술을 습득하여 사회성을 향상시키는 데 도움을 주기 위해 만들어졌다. 단순히 친사회적 기술 습득이나 또래 집단 안에서의 활동에 대한 경험에 머무르지 않고 왜 그러한 기술들이 필요한 것인지, 그리고 그것은 어떻게 해야 하는 것인지를 이해할 수 있도록 구조화하였다. 이 프로그램에서는 ADHD 또는 AS를 가진 아동들의 강점인 평균이상의 지적 능력과 언어 구사 능력, 그리고 시각적 지원을 적극 활용하였다. 프로그램의 구체적 내용으로는 AS 또는 ADHD를 가진 아동들이 친구관계를 향상시킬 수 있는 주고받는 대화 기술과 친구관계를 유지하고 발전시킬 수 있도록 서로의 감정에 대한 표현과 이해, 공감하는 방법, 집단 활동에 필요한 몇몇 친사회적 기술로 구성되었다. 프로그램의 후반부에서는 앞의 각 회기에서 배운 친사회적 기술을 집단 게임 활동에서 적용해보며 사회적, 정서적 발달을 촉진하고자 하는 것이 주요 목표이다. 또한 부모들이 자녀가 배운 내용을 확인하고 가정에서 복습하며 수시로 활용할 수 있도록 유인물을 수록하였다. 물론 우리가 살아가는 일상에는 셀 수 없을 만큼 다양한 사회적 상황이 있으며 각 상황에 적절한 사회적 기술 또한 무궁무진하다. 그 무수한 사회적 기술을 다 가르쳐 적재적소에 맞게 수행할 수 있도록 하기에는 분명한 한계가 있다. 그러나 적어도 이 프로그램에 참여하는 아동들은 여기에서 설명하고 있는 사회적 상황을 이해하고 그에 맞는 친사회적 행동을 익혀 또래들에게 먼저 다가가 도움을 주고 친근함을 전할 수 있는 따뜻한 친구가 되기 위해 노력하는 마음과 자신감을 가진 아동들이 되기를 기대한다.

2. 아스퍼거 증후군 이해하기

AS는 사회적 상호작용에서 어려움을 보이고 반복적인 행동이나 제한된 관심 등을 보이는 자폐스펙트럼장애의 한 하위 영역의 장애로 자폐적 성향이 두드러지게 나타나지 않으며 지적 발달과 언어 발달에 지체가 없어 조기에 발견되지 않는 경우가 많다. AS의 진단 기준(DSM-Ⅳ-TR, ICD-10)을 보면 언어발달에 있어 임상적으로 심각한 지체가 없다고 되어 있다. 그러나 이것은 언어의 질적인 측면에도 이상이 없음을 의미하지는 않으며 AS 아동들에게 두드러진 언어발달지연이 나타나지 않는다고 하더라도 의사소통에서는 독특한 점이 나타난다.

AS를 가진 아동은 학교에 입학한 후에 부적응적인 행동문제들이 두드러지게 나타나며 평균 7세~11세에 진단이 되지만 때로는 성인이 되어서야 진단이 되는 경우도 적지 않다. 그러나 진단의 유무나 시기와 상관없이 이들은 모두 쉽지 않은 학교생활과 또래관계 및 대인관계를 경험한다. 자신이 이해할 수 없는 학급 규칙은 따르려 하지 않는 고집스러운 모습으로 담임선생님을 난감하게 만들기도 한다. 또는 학급 규칙을 어기는 또래들의 행동을 보면 어김없이 담임선생님에게 전해 급우들에게 따돌림을 받거나 때로는 분풀이의 대상이 되어 폭력 사건에까지 휘말리게 되기도 한다. 이들은 또래들에게는 고자질쟁이로 인식되기 쉽지만 AS를 가진 아동들의 입장에서는 선생님께 말하는 행동은 고자질이 아닌 규칙과 질서를 지켜 나가기 위해 반드시 해야 하는 당연한 행동이라고 생각한다. 그들 자신도 때로는 규칙을 지키지 못함에도 말이다. 자신이 규칙을 지키지 못하는 데에는 충분한 이유가 있지만 다른 친구들이 규칙을 지키지 못하는 것에 대한 이유와 상황을 이해하는 데에는 어려움을 보인다.

AS는 사회적 양상이나 맥락을 파악하기 위해 주변의 반응이나 상황을 살피는 사회적 참조를 하지 못하며 타인의 마음이나 정서, 생각을 파악하는 능력에 있어서의 결함, 일반적인 사회적 기대나 사회적 관습 등 직접적으로 가르치지는 않아도 자연스럽게 배우게 되는 잠재적 사회교육과정(hidden social curriculum)을 습득하지 못하는 등의 독특한 사회적 특성을 보인다. 이러한 결함으로 인해 AS를 가진 아동들은 학교 적응과 또래관계에 지속적인 어려움을 경험하게 된다.

1) 의사소통 이해하기

> 정 환: 저는 영어 잘 못해요, 영어는 어려워요
> 선생님: 선생님도 영어 잘 몰라.
> 정 환: (깜짝 놀라며) 선생님인데 영어를 몰라요?
> 선생님: (장난스럽게 웃으며) 어, 선생님도 A, B, C, D 만 알아
> 정 환: (당황스러운 표정을 지으며 진지하게) 그럼 E, F, G, H 도 모르는 거예요?

> 선생님: 너희 반 친구들은 모두 몇 명이니?
> 선 우: (무표정하게) 0명이요. 저는 친구 없어요.
> 선생님: 아....너희 반 학생들 수를 물어본 거야.
> 선 우: (아무런 표정변화 없이) 24명인데요. 남자 11명, 여자 13명이요. 근데 걔네들은 내
>   친구는 아니에요.

- 피상적으로 완벽한 표현 언어 발달
- 글자 그대로 이해하거나 혹은 함축된 의미를 잘못 해석하는 결함
- 은유적 표현이나 추상적 표현, 속담 등의 관용구나 농담 이해하지 못함
- 형식적이고 현학적인 언어
- 독특한 억양
- 지나치게 많은 말 또는 지나치게 적은 말
- 대화의 주고받는 능력 부족

AS를 가진 아동을 만나면 위와 같은 대화가 전혀 낯선 것만은 아니다. 평균 이상의 지능을 보이며 심각한 언어 지체가 없다는 것이 AS의 진단 기준임에도 불구하고 이들이 보이는 언어 특성을 고려한다면 위와 같은 패턴의 대화는 드물지 않게 나타난다. 은유적 표현이나 추상적 표현, 속담 등의 관용구나 농담은 사람들 간의 의사소통을 보다 부드럽게 하는 수단이다. 그러나 AS를 가진 아동들은 말 속에 숨겨져 있는 의미를 이해하는 것을 어려워하는 특성을 보인다. 이러한 짧은 대화에서조차 어려움을 보이는 AS의 특성으로 인해 이 아동들은 사람들과의 대화를 좋아하지 않는 것으로 오해받거나 어느 책의 제목처럼 별종, 괴짜 또는 외계인, 사차원 이라고 놀림을 당하기도 한다.

의사소통에는 언어적 의사소통과 비언어적 의사소통이 있다. 비언어적 의사소통에는 얼굴 표정, 눈짓, 눈맞춤, 손짓, 몸짓, 자세, 신

체의 동작, 말투 등이 포함된다. 대개 비언어적 의사소통은 언어적 의사소통과 함께 이루어진다. 예를 들어, 환하게 웃는 표정을 지으며 "나는 개그 프로그램 보는 것을 좋아해요"라고 말을 하거나 지친 표정으로 어깨와 팔을 힘없이 아래로 늘어트리고는 "오늘은 정말 너무 힘든 하루였어요"라고 한다. 때로는 언어적 표현은 생략하고 환한 표정이나 지친 표정 등의 비언어적 표현만을 사용하여 의사소통을 한다. 일반적으로 비언어적인 표현만으로도 충분히 의사소통을 할 수 있으며 상대방은 그에 맞춰 함께 즐거움을 공유하거나 피곤함을 달래주기 위해 반응한다.

AS를 가진 아동의 언어적 의사표현은 정도의 차이는 있지만 대부분 억양 없이 독특한 말투를 사용하거나 같은 말을 반복하거나 형식적인 말을 반복하기도 한다. 때로는 어려운 말이나 현학적인 말들을 쓰며 어른스럽게 말하기도 하고 직설적인 말로 상대방을 당황스럽게 만들기도 한다. 농담이나 비유를 아는 경우도 있지만 대개 이해에 어려움을 보이며 관용의 표현은 더더욱 이해하기 어려우며 말을 글자 그대로만 이해하여 그 속에 담긴 의미를 이해하는데 한계를 보인다. 이외에도 상황이나 맥락에 맞지 않게 혼잣말을 하는 경우가 있는데 이는 머리에 떠오른 생각을 담아두지 않고 말로 표현하는 AS의 또 다른 특성이다.

AS의 또 다른 의사소통 특성은 너무 많은 말을 하거나 또는 너무 적게 말하는 것이다. 자기 관심 분야에 있어서는 상당히 수다스러운 모습을 보이거나 끊임없이 반복되는 말을 한다. 이런 모습에 어떤 이는 '고장 난 라디오'같다고 한다. 그런가하면 반대로 어떤 아동들은 함묵증의 아동들처럼 말을 거의 하지 않는 경우도 있다. 익숙한 사람과는 말을 곧잘 하며 자신의 의사를 전달하기도 하지만 학급에서 또는 낯선 곳, 낯선 사람들과는 단 한마디의 말도 나누려고 하지 않는 아동들도 있다. 이러한 경우 이 아동들만이 갖는 분명한 이유는 있을 것이나 이를 알기는 쉽지 않다. 다만, 학교 또는 집단 안에서의 어떠한 경험이 그들의 말문을 닫았을 가능성이 있기 때문에 이를 찾아내어 함께 해결해 나갈 필요가 있다.

AS를 가진 6학년의 승범이는 학교에서 2년째 말문을 닫았다. 걱정이 된 담임선생님이 엄마에게 이 사실을 알렸고 전혀 모르고 있던 승범이의 엄마는 당황스러웠다. 집에서는 매우 수다스러운 아동이었기에 오히려 잠시라도 조용히 있었으면 하는 때가 많았기 때문이다. 그저 사춘기의 한 특성이라고만 생각을 했지만 담임선생님의 반복되는 권유로 치료실을 찾았고 시간이 지난 후 침묵의 비밀이 드러났다. 4학년 어느 날, 승범이의 높은 톤과 다소 독특한 억양을 짓궂은 남자 아동들이 따라하며 지속적으로 놀리기 시작한 것이다. 이에 충격을 받은 승범이는 그 뒤로 학교에서는 아예 말문을 닫은 것이다. 이처럼 AS를 가진 아동들이 보이는 독특한 언어 특성은 친구들을 사귀는 데에도 어려움을 초래하는 방해 요인이 되기도 한다.

AS를 가진 아동은 언어적 의사소통뿐만 아니라 비언어적 의사소통도 원활하게 이루어지지 않는 것으로 알려져 있다. 이는 정서적 부분과도 함께 고려해야 하는 영역으로 타인의 마음을 이해하는데 어려움이 있어 나타나는 특성이다. 즉, 다른 사람의 얼굴 표정이나 눈, 자세, 태도에 나타나는 사회·정서적인 의미를 이해하지 못하며 목소리 톤이나 운율뿐 아니라 사회적 단서를 이해하여 상황적 맥락을 파악하는 것에 어려움이 있다. AS를 가진 아동들은 비언어적 표현을 파악하고 이해하여 그에 적절한 반응을 보이지 못하는 경향이 있다. 상대방의 상태나 상황을 전혀 고려하지 않고 일방적으로 자기가 하고 싶은 말만 하기 쉽다. 이러한 점 때문에 AS에 대한 이해가 없는 사람들은 AS를 가진 아동에 대해 타인을 전혀 배려하지 않는 이기적이고 버릇없는 아동이라고 오해를 한다. 가족들조차도 의사소통에 어려움을 보이고 자기중심적인 사고를 하는 것이 AS의 특성인 것을 알고 있음에도 때로는 이들의 일방적인 의사소통의 특성에 대해 서운함을 느끼거나 화를 내는 경우도 드물지 않다.

AS를 가진 아동은 자신이 읽어내지 못하고 있는 언어적, 비언어적 표현들이 있음을 이해하고 있어야 하며 조심할 필요가 있다. 일방적으로 자신만의 이야기를 지속하여 상대방이 지루해하거나 피하게 만들지 않도록 이해시켜야 하고 그 규칙을 습득할 수 있는 지원을 제공해야 한다.

2) 정서·행동 이해하기

> 템플: 전 사람들이 이해가 되지 않아요. 학교에서 만난 사람들이요.
> 이모: 어떤 부분이 이해가 되지 않니?
> 템플: 여자애들은 남자애들을 보면서 난리법석이에요. 맨날 쓸데없이 팝그룹이나 옷 얘기만 해요. 그리고 난 기분이 좋은데 왜 화가 났냐고 그러잖아요. 그래서 "나 기분 좋아"그랬더니 "그렇게 안보여"라고 그러잖아요. "생각하는 중이라 그래"라고 했더니 저한테 "네 표정은 늘 화가 났거나 슬픈 표정이야"라고 했어요. 난 걔네가 이해가 안가요.
>
> 영화 '템플 그랜딘' 중에서

- 정서 공유를 위한 자발성 부족
- 타인의 기분이나 상황을 고려하지 않는 행동
- 정서 조절에 어려움
- 우울, 불안, 좌절, 분노 폭발
- 마음이해의 어려움

다른 사람들의 정서를 이해하고 공감하는 능력은 효과적인 의사소통을 하고 친사회적 관계를 맺는데 아주 중요한 요소이다. 집단 안에서 다른 사람들의 정서를 이해하고 예측하여 반응한다면 또래들과도 보다 쉽게 긍정적인 상호작용을 할 수 있게 된다. 그러나 AS를 가진 아동들은 평균 이상의 지능과 언어능력을 가졌음에도 상대방의 감정을 인지하거나 이해하는데 낮은 수준을 보인다.

AS를 가진 아동은 자신의 정서에 대한 인식과 표현 및 조절에 어려움이 있다. 자신의 감정을 전혀 드러내지 않는가 하면 때로는 작은 일에도 매우 크게 반응하며 불안해하거나 호들갑스럽게 행동하며 감정을 과하게 표현하기도 한다.

AS 아동은 자신의 감정을 이해하고 표현하는 것 외에도 다른 사람의 감정을 이해하는 데에도 어려움이 있다. 이들은 다른 사람의 얼굴표정이나 몸짓 등의 신체언어표현을 읽어내고 그에 맞는 반응을 적절하게 하지 못한다. 상대의 표정 변화에 대해서도 인지하지 못하는 경우가 많으며 상대의 기쁨, 슬픔, 화남에 대해 인지하지 못하기 때문에 이에 적절한 반응을 하지 못한다. 즉, 다른 사람의 행동을 이해하고 다른 사람의 사고, 믿음, 바람이나 의도를 인지하고 이해하는 능력(마음이해 Theory of Mind)에 결함을 보인다. 자신의 정서 인식뿐만 아니라 타인의 정서 인식 및 이해에 곤란을 보이는 AS를 가진 아동은 타인의 정서에 감정을 이입하는 공감 능력도 부족하다. AS의 특성을 이해하지 못하는 또래나 성인들은 AS 아동을 주변인들의 감정에 전혀 신경을 쓰지 않는 것처럼 오해를 하거나 답답하게 여기고 무례하다고 생각하며 화를 내게 된다. 그러나 AS를 가진 아동은 자신의 말이나 행동이 다른 사람에게 어떤 영향을 준다는 것을 이해하지 못한다. 자신의 언행에서 원인을 찾지 못하기 때문에 상대방이 갑작스럽게 기분이 변했다고 생각하며 그들의 성냄이나 회피, 무시, 놀림의 행동에 오히려 더 당황해한다. AS의 아동은 자신이 이해할 수 없는 반복되는 불합리한 상황 때문에 피해 의식을 갖게 된다. AS의 아동은 아무런 잘못 없이 자신만 당한다고 생각하여 피해의식이 강해지게 되고 스트레스로 인해 감정 조절에 더 어려움이 생기는 악순환이 반복 된다. 이에 AS를 가진 아동은 또래 사이에서는 감정 조절을 하지 못하는 아동, 공격적인 성향을 가진 아동으로 평가받아 회피의 대상이 되는 경우가 적지 않다.

AS를 가진 아동이 자신의 정서를 이야기 할 때 가장 흔히 사용하는 단어는 불안, 우울, 분노, 좌절, 위축이다. 주변의 사람들 또한 이들의 대표적 정서와 행동을 분노와 그 분노의 폭발적 행동이라고 말한다. 불안이나 감정 폭발, 순간의 멍해짐은 AS를 가진 아동이 보이는 대표적인 정서적 특징이기도 하다. 이는 이해할 수 없는 상황이 반복됨으로써 스트레스를 받거나 상황에 어떻게 반응을 해야 할지 모를 때 나오는 AS만의 대표적인 정서 상태이며 행동 특성이라 할 수 있다.

AS를 가진 아동은 얼굴 표정이 거의 없을 때가 많으며 얼굴에 다양한 표정이 나타나지 않는다. 자신의 감정 상태를 알고 그에 따른 감정을 표현하는데 있어 정확성이나 세밀도가 떨어지는 경향이 있다. 저자가 치료실에서 만난 초등학교 3학년의 AS를 가진 지은

이에게 아동이 평소 갖고 싶어 하던 책을 생일선물로 주었다. 지은이에게 좋아하는 책을 선물로 받은 것에 대해 기분을 묻자 전혀 기쁜 느낌이 묻어나지 않는 목소리와 무표정한 모습으로 "매우 기쁘다"고 대답하였다. 지금의 기쁨을 표정으로 나타내볼 것을 권하고 아동의 표정을 그 자리에서 찍어 바로 보여주었다. 지은이는 자신의 사진을 보고 "이건 전혀 기뻐하는 표정이 아닌데요." 하며 어색하게 웃었다. 그 후로 지은이는 입 꼬리를 올려 환하게 웃어 보이려고 스스로 의식하며 노력하였다. 다만, 그 표정이 자연스럽지 않아 시쳇말로 '썩소'스러운 것이 문제이긴 하지만 말이다.

다시 말하면, AS를 가진 아동은 주변의 다른 사람들과 자신이 같은 상황이나 사물에 대해 다른 생각이나 관점을 가질 수 있다는 것에 대한 이해가 부족하고 자신의 언행이 타인에게 영향을 준다는 것에 대한 이해도 결함이 있다. 그리고 사람들은 AS에 대한 이해가 없으니 AS 아동을 버르장머리 없는 자기 고집만 센 아동으로 인식하기 쉽다. 이렇게 서로를 화나게 하고 오해하는 악순환이 반복되는 것이 AS를 가진 아동이 살아가는 일상 일 수 있다.

AS를 가진 아동은 다른 사람들도 자신처럼 기분이 좋지 않을 수 있으며 자신이 좋다고 해서 반드시 상대방도 좋은 것은 아니라는 사실을 이해하고 있어야 한다. 그리고 아동 자신이 상황을 적절히 파악하지 못하여 오해하고 화를 낼 수 있다는 것에 대해서도 이해하고 있는 것이 좋다. 실제로 아동을 고립시키는 것은 또래와 가족이 아닌 아동 스스로이며 자신이 자신을 외롭게 만들고 슬프게 만들고 있을 수 있음에 대한 이해가 필요하다. AS를 가진 아동들은 다른 사람들은 자신이 직접 경험하는 슬픈 상황이나 기쁜 상황이 아님에도 그 맥락에 맞게 슬퍼하거나 기뻐하며 공감을 한다는 것을 알 필요가 있다. AS를 가진 아동이 자신이 처한 상황에서 어떻게 해야 할지 그 반응을 알지 못한다고 하더라도 같은 상황에 다양한 반응이 있을 수 있음과 아동 자신이 상황을 잘못 이해하고 있을 수 있다는 점을 인지하기만 해도 반복적으로 느끼게 되는 외로움과 불안, 분노에서 벗어나는데 큰 도움이 된다. 그리고 이러한 점은 AS를 가진 아동들에게 그 다양한 상황에 어떻게 대처해야 하며 어떠한 새로운 적응 기술을 배워야 하는지 보다 능동적으로 움직이게 하는 더 큰 동기를 부여하게 될 것이다.

3) 사회성 이해하기

> 요　한: 선생님, 정말 이상한 게 있어요.
>
> 선생님: 그래? 뭐가 이상한데?
>
> 요　한: 우리 형은 친구들한테 욕도 하구요, 저한테 사과도 잘 하지 않아요. 엄마 말도 잘 안
> 들어서 맨날 혼나요. 나쁜 말도 정말 많이 하거든요. 저한테도 함부로 해요. 형은 깡
> 패에요. 욕하고, 때리고.
>
> 선생님: 그렇구나. 네가 보기에 형은 깡패 같구나.
>
> 요　한: 네, 저는 욕도 하지 않고 사과도 바로바로 하고 인사도 잘하고 엄마 말도 잘 듣고 나
> 쁜 말도 하지 않아요. 사실 조금 할 때도 있지만요. 이렇게 '따뜻한 친구'되려고 사회
> 성도 배우러 다니고 우리 형은 한 번도 배우지도 않았는데.....근데 이상하게 우리
> 형은 친구가 많아요. 왜 저는 친구가 없어요?

- 발달단계에 적절한 또래 관계 형성 실패
- 사회적 또는 정서적 상호성 부족
- 타인의 기분이나 상황을 고려하지 않는 행동
- 직설적인 대화법
- 상대방을 고려하지 않는 놀이패턴이나 일방적인 대화
- 융통성 없는 사고와 행동
- 자신의 규칙을 다른 사람들에게도 강요하며 자신의 방식 고집

　　AS를 가진 아동들에게도 친구가 필요하다. 이들은 그 누구보다 친구를 원한다. 영화 '템플 그랜딘'에서 AS를 가진 템플이 대학의 기숙사에 처음 들어가던 날, 그녀가 기숙사의 열린 방 문 사이를 살짝살짝 곁눈질하며 지나가는 장면이 나온다. 템플은 고개를 숙이고 보는 듯 보지 않는 듯 기숙사의 긴 복도를 지나 자신의 방으로 들어가서는 갑작스럽게 울부짖으며 텐트럼(tantrum, 자폐성 장애를 가진 아동들이 보이는 행동 특성 중 하나로 작게는 흐느끼거나 찡그리기, 크게는 소리치기, 울부짖기, 몸부림, 자해행동 등으로 다양하게 나타나며 그 원인은 다양함)을 보인다. 다른 방에는 다 룸메이트가 있는데 자신은 혼자라며 소리를 지르고 괴로워한다. 영화 속의 예이기는 하지만 콜로라도 주립대학의 교수이자 동물학자인 AS를 가진 템플 그랜딘의 실화를 바탕으로 한 이 영화에서 말하고 싶은 것은 이들도 친구를 필요로 하며 사귀고 싶어 한다는 것이라 생각한다. 앞에서 언급했던 높은 목소리 톤과 독특한 억양으로 또래들에게 놀림을 받아 2년 동안 학교에서 단 한마디도 하지 않았던 승범이의 말문을 다시 열게 한 사람도 결국은 학교의 또래친구였다.

AS를 가진 아동은 우정과 관련한 발달수준이 또래에 비해 평균 2년 정도 늦다. 이 아동들은 친구의 수도 적고 같이 노는 시간도 길지 않으며 자신만의 놀이를 고집하려고 한다. 또래보다는 자신의 이야기를 들어주고 자신이 주도할 수 있는 어린 동생들이나 자신의 질문에 거부하지 않고 대답해 주는 성인들과 함께 있기를 선호하는 특징이 있다. 그러나 분명한 것은 우정에 대한 동기가 있으며 다른 사람들처럼 함께 어울리고 자신의 관심사를 나눌 친구를 필요로 한다는 것이다. 혼자 있는 것을 선호하고 때로는 스스로 고립을 선택하기도 하지만 늘 혼자 있게 되는 것에 외로움을 느끼며 친구가 없다는 것에 슬퍼한다. 청소년기를 지나서는 일반적인 사람들과 마찬가지로 이성에 많은 관심을 보이며 이성 친구를 사귀기를 원한다.

그러나 관계는 일방적인 것이 아니라 두 사람 이상이 연결되어 서로에게 영향을 주고받으면서 형성된다. 서로를 인정하고 이해하고 배려하는 가운데 관계는 형성된다. 다른 사람을 인정하고 이해한다는 것은 그 사람의 마음이나 정서, 생각, 행동을 이해할 수 있어야 한다. 즉, 마음이해가 가능해야 한다. 그러나 AS를 가진 아동은 타인의 마음이나 정서, 생각을 이해하거나 예측하는 것이 힘들 뿐 아니라 타인의 생각이 자신의 생각과 다를 수 있음에 대해 이해하는 것에 어려움을 보이며 상대방의 상태나 상황을 이해하고 그에 적절한 반응적 상호작용을 하며 관계를 형성하지 못한다. 일반적으로 이들은 자기중심적으로 이해하고 해석하여 이기적이고 타인을 배려하지 않는 답답한 아동들로 비춰진다. 그러나 중요한 사실 중 하나는 AS를 가진 아동은 자신의 방식대로 상대방을 배려하고 위로하기 위해 홀로 두거나 자신만의 관심사를 계속 이야기하고 있는 것일 수 있다. AS를 가진 아동 자신에게는 혼자 있는 것이 위로이며 자신의 관심사를 계속 이야기하는 것이 고통을 잊게 하고 즐거움을 전달하는 친사회적 방법이기 때문이다.

또 한 가지 사회성 특성으로는 AS를 갖고 있는 아동은 상황에 대한 판단에도 어려움이 있지만 사람을 판단하는 능력에도 결함이 있다. 자신에게 좋은 친구가 되어 줄 수 있는 또래인지 자신을 이용하고 놀리려는 의도로 접근하는 또래인지를 구분하지 못하는 경향이 있다. 이로 인해 학교폭력의 피해자가 되기도 하지만 때로는 자신도 모르는 사이에 학교폭력의 가해자가 되어 있는 경우도 드물지 않다.

AS를 갖고 있는 아동에게 있어 사회적 맥락이나 사람을 이해하고 사회적 상호작용을 하는 것은 5,000조각의 사회적 퍼즐을 맞추는 것에 비유할 수 있다고 한다. 그것도 완성된 그림이 무엇인지도 모른 채 맞추는 퍼즐이다. 상상 할 수 있겠는가?

일반적으로 아동들은 일상생활 가운데 가족이나 또래, 주변인들과 안정된 관계를 형성하기 위해 필요한 기술들을 자연스럽게 습득하거나 학습한다. AS를 가진 아동은 자연스러운 일상생활 가운데 습득하는 것에 한계가 있기 때문에 사회적 관계를 맺기 위한 규칙과 기술들을 익히기 위해 외국어나 수학공식을 배워 문법이나 공식에 맞게 문제를 이해하고 풀 듯 배워야 한다. 원리를 이해한 공식은 쉽게 잊지 않으며 적용하기도 쉽다. AS를 가진 아동의 강점인 평균 이상의 지적 능력을 활용하여 인지적 접근으로 사회적 맥락을 이해할 수 있도록 돕고 그에 맞는 행동과 반응을 아동이 스스로 할 수 있도록 돕는 전략이야말로 이들에게는 매우 효과적인 교육적 접근이 될 수 있다.

3. 주의력결핍 과잉행동 장애 이해하기

> 나는 너무 지나치게 활동적이었고, 늘 뭔가 말하거나 행동하지 않으면 견디지 못하는 아동이었다. 무언가 만들지 않으면 부수고 있었다. 온 집안을 헤집으며 뛰어다녔고, 집에 있는 가구란 가구에는 다 올라갔으며, 층계에서 펄쩍 뛰어내리고, 나뭇가지를 잡고 그네를 탔다. 하지만 사실은 나도 얌전하려고 무진 애를 쓰고 있었다. 진짜 그랬다. 나는 정말 좋은 아동이 되고 싶었는데 문제는 자주 생각 없이, 아니 내가 뭐하는지 나도 모르게 말썽을 부려놓고 마는 것이었다.
>
> '대학교수가 된 ADHD 소년 리틀 몬스터' 중 25쪽에서

> 하지만 정말 잊지 말아야 할 것은, 내가 비록 말썽꾸러기였다고는 하지만 나는 늘 좋은 아동이 되고자 했다는 것이다. 그런데 내가 무얼 좀 해볼까 하면, 내 의도와는 거꾸로 엉망이 되어버렸다.... (중략) .... ADHD를 가진 사람들이 저지르는 말썽들은 대부분 고의가 아니다.
>
> '대학교수가 된 ADHD 소년 리틀 몬스터' 중 36쪽에서

저자가 치료실에서 만난 ADHD를 가진 형수도 이와 비슷한 말을 한 적이 있다. 치료실의 장난감들을 쉴 새 없이 떨어트리고 순식간에 망가트리기를 반복하던 형수는 눈물을 글썽이며 "선생님, 죄송해요. 저도 잘 하고 싶은데 자꾸 이렇게 돼요. 전 왜 그래요. 너무 미안해요. 진짜 잘하고 싶은데"라고 너무 슬픈 표정과 눈빛으로 저자를 바라보며 말했었다.

아동 스스로도 잘 하고 싶고 칭찬받는 좋은 아동이 되고 싶으나 ADHD의 아동은 늘 정신이 없고 들떠 있거나 부산스럽게 무엇인가를 한다. 말도 많고 몸을 가만히 두지 못하며 말보다도 행동이 앞서고 모터 달린 기계처럼 끊임없이 움직인다(과잉행동-충동성 우세형). 또한 주의가 산만하여 쉽게 주의를 뺏기고 무엇인가를 잘 잊거나 잃어버리며 실수를 자주 하고 체계적이지 못하며 다른 데 정신이 팔려 있는 것처럼 보이기도 한다(주의력결핍 우세형). 이러한 특성들 때문에 주변에서 좋은 평판을 듣지 못하며 또래관계에서는 끊임없이 문제가 발생하고 학교나 집단생활에 적응하는 데에도 어려움이 있다.

즉, ADHD를 가진 아동의 주된 특성은 주의력 결핍과 과잉행동, 충동성이다. 이 특성이 이차적 문제를 유발한다. 정상적인 지적 능력을 갖고 있으나 학업수행에 어려움을 보이며, 사회적 상호작용에서도 문제가 발생해 또래관계 악화, 학교생활 적응의 어려움, 교사 및 부모와의 관계 악화로까지 이어진다.

DSM-5에서는 ADHD의 발병 연령을 12세로 늦추었지만 후천적인 어떤 사건이나 환경으로 인해

ADHD가 어느 날부터 생기는 것은 아니다. ADHD는 선천적인 것이며 7세를 전후하여 즉, 지켜야할 규칙이 명백해지고 목적 있는 행동이 보다 더 요구되는 초등학교에 입학하면서 이 아동들의 문제가 더 두드러지게 나타난다. 어린이집이나 유치원에 다닐 때에도 적응이 수월하지만은 않으며 그 이전 시기에 부모가 양육을 하는 것도 만만치 않은 개구쟁이인 경우가 대부분이다.

다른 아동들보다 더 돌아다니고, 더 달리고, 더 기어 올라가고, 더 시끄럽게 놀고, 더 많이 말하고, 다른 사람들을 수시로 방해하고, 차례를 지키거나 규칙을 지키고 줄을 서서 기다리는 등의 행동을 몹시 힘들어하는 ADHD를 가진 아동에게는 약물 복용이 일반적인 치료적 방법일 수 있다. 그러나 약물 복용만으로 적응 행동이 개선되는 것은 아니다. 약물을 통해 충동적 행동을 통제하고 주의력을 향상시킴과 동시에 특수교육적 접근을 병행하여 주의력결핍이나 과잉행동, 충동성 때문에 부차적으로 발생한 잘못된 학습 습관, 충동적인 문제해결 방식, 학습된 무기력과 체계적이지 못한 사고방식, 공격적 성향과 분노폭발, 자기중심적인 대인관계에 대한 지원을 제공하여 행동의 변화를 유도해야 한다.

1) 의사소통 이해하기

- 부적절하게 불쑥 대답하거나 자기 말차례가 아닌데 말하기
- 말의 흐름 끊기
- 지나치게 많은 말하기
- 다른 사람의 말 주의하여 듣지 않기
- 언어적 지시를 잘 따르지 못하기

ADHD를 가진 아동은 ADHD의 주요 특성인 과잉행동과 충동성, 부주의의 영향으로 끊임없이 의사소통에 문제를 보인다. ADHD를 가진 아동은 부적절하게 불쑥 대답하거나 자기 말차례가 아닌데 말하기, 말의 흐름 끊기, 지나치게 많은 말하기, 다른 사람의 말 주의하여 듣지 않기, 언어적 지시를 잘 따르지 못하기 등 의사소통에 문제를 보인다. ADHD를 가진 아동들은 기본적으로 언어를 이해하고 의사소통 하는 데에는 큰 어려움은 없으나 다른 사람들의 비언어적 의사소통의 사인을 읽어내지 못하거나 의사소통의 규칙들을 의식하지 못하여 조음이나 발성, 청각상의 문제가 없음에도 유창하게 말하지 못하며 대화 주제에서 종종 벗어난다. 말로 하는 지시를 기억하여 수행하는데 어려움이 있고 경험했던 일이나 들었던 이야기를 조직화하여 전달하는 것도 쉽지 않다. 또한 상대방의 말이 끝나기도 전에 자기 말을 하거나 기다리지 못하고 자리를 이탈한다. 이러한 특징은 AS와 마찬가지로 주로 화용과 관련된 언어 문제들이다. ADHD를 가진 아동은 부주의함과 주변에 대한 무감각함으로 인해 구어나 비구어를 놓치고 상황적 단서

도 인식하지 못하며 사회적 상황도 잘 주시하지 못한다. 이러한 문제는 ADHD를 가진 아동의 사회성에도 영향을 주어 또래관계에도 방해적 원인이 되고 정서발달에도 부정적인 영향을 준다.

ADHD를 가진 아동은 화제에서 벗어난 이야기를 하거나 주제 유지가 어렵고 관용어적 표현을 이해하는 능력이나 전체 의미를 추론하는 능력이 부족하며 미숙하고 적절하지 못하다는 언어적 의사소통에도 문제를 갖지만 비언어적 의사소통에도 결함이 있는 것으로 알려져 있다. 이들은 상대의 얼굴 표정이나 눈빛, 시선, 자세, 몸짓을 이해하는데 어려움을 보이며 다른 사람의 상태나 마음을 인지하지 못하고 자신이 하고 싶은 말만 하거나 부적절한 몸짓을 사용하여 원활하게 의사소통하지 못한다.

ADHD를 가진 아동은 자신의 부산스럽고 충동적이며 때로는 주의를 기울이지 못함으로 인해 놓치고 보지 못하는 언어적, 비언어적 표현이 있음을 이해하여 자신의 행동을 스스로 조절할 수 있도록 지원받아야 한다. 물론 이것은 쉬운 일은 아니지만 그 누구보다도 잘 하고 싶어하는 이 아동들의 자발적 동기와 평균이상의 지능을 최대한 활용하여 원활한 의사소통이 무엇인지를 이해할 수 있게 교육하고 습득하도록 하여 아동 스스로 조절할 수 있도록 지원을 제공해야 한다.

2) 정서·행동 이해하기

- 정리를 못하고 물건을 잘 잃어버림
- 주의를 집중하지 못함
- 손발을 가만두지 못함
- 충동적이며 안절부절 못함
- 가만히 앉아 있지 못함
- 낮은 자존감
- 인내심, 자제력 부족함
- 화를 잘 냄

ADHD를 가진 아동이 보이는 행동 특성에는 주의력 결핍이 있다. 한곳에 집중하지 못하고 또래들에 비해 한 활동에서 다른 활동으로 빠르게 옮겨 다니고, 다른 사람들의 말을 주의깊게 듣지 않으며 한 가지 일을 꾸준히 하지 못한다. 물론 아동이 좋아하는 흥미있는 과제나 놀이에는 집중을 잘 할 수 있으나 그렇지 않은 일상적인 일과나 과제에는 주의를 기울여 집중을 하지 못하거나 금세 부주의한 모습을 보인다. 자녀의 ADHD 성향을 인정하지 않는 부모들은 대개 아동이 좋아하는 활동을 할 때, 특히 게임이나 TV를 시청할 때에는 매우 긴 시간을 집중할 수 있음을 이야기한다. 선호하는 과제나 활동에 집중하는 것은 누구나 쉽게 할 수 있는 일이다. ADHD 진단을 위해 검사하는 '주의집중력'은 좋아하고 선호하는 활동이 아닌 시간 내에 과제를 완성하기 위해 자신을 통제하고 의식을 모아 반응하는 능력을 의미한다.

ADHD를 가진 아동이 보이는 또 다른 행동 특성은 과잉행동으로 규칙을 자주 어기고, 조용히 앉아 과제를 수행하는 데에도 어려움을 보인다는 것이다. 이들은 자신의 행동을 억제하는 능력에 결함을 갖고 있어 충동성을 조절하지 못하기 때문에 조심성이 없고, 무책임해보이며 미성숙하고 버릇이 없어 보이기도 한다. 충동성은 대인관계에 부정적인 영향을 주며 의사소통을 방해한다. 물론 평균이상의 지능을 갖고 있는 ADHD를 가진 아동일지라도 상황을 파악하지 못하고 끊임없이 나타나는 충동적인 행동들과 부주의한 모습, 과잉행동적인 태도로 인해 주변의 나쁜 평판을 얻게 되고 이로 인해 이 아동들은 불평과 불만, 위축, 낮은 자존감을 형성하게 된다.

ADHD를 가진 아동은 놀이나 학습을 할 때 지나치게 의욕적인 모습을 보이기도 하나 집중력이 낮아 교사나 부모님께 자주 야단을 맞거나 지적을 받는 경우가 많다. 뿐만 아니라 놀이에 대한 과한 욕구와 충동성, 성급함으로 인해 또래들에게도 거부당하기 쉽다. 결국 이 아동들이 보이는 학업 부진이나 또래 관계에서의 어려움, 학교나 집단생활에서의 적응 곤란, 교사나 부모, 가족 간의 관계 악화 등은 ADHD를 가진 아동들의 정서에 부정적인 영향을 준다. ADHD를 가진 아동은 의도와는 달리 반복되는 실패와 부정적인 결과들, 부모나 교사의 지적이나 꾸지람, 또래들의 놀림, 무시로 인해 낮은 자존감을 형성한다. 또래들과 놀이를 하고 싶은 강한 욕구와는 달리 놀이 참여에 빈번히 거부당하는 것에 분노하여 감정을 조절하지 못하고 폭발하거나 공격적인 행동을 보이기도 한다. 결국 주변 아동들이 ADHD를 가진 아동을 피하여 왕따의 문제로 이어지기도 한다. 이 아동들의 다수가 적대적 반항장애나 불안장애, 우울이나 양극성의 기분장애를 공존장애로 갖게 될 확률이 적지 않으므로 더 나은 예후를 위해 보다 빨리 적극적으로 교육을 제공해야 한다.

또래들에게 호감을 얻지 못하고 부모나 교사로부터 반복적으로 받게 되는 지적과 꾸지람으로 낮아진 자존감과 반복된 부정적 경험으로 인한 위축, 불안, 분노, 공격성은 약물치료만으로 향상되거나 바람직한 적응적 행동이 바로 습득되지 않는다. 또한 사회기술을 교육받는다거나 심리적 이완을 경험한다고 해서 행동 조절이 갑자기 되는 것은 아니다. 이 모든 것이 병행 되어 아동이 안정되고 자신의 상태를 이해하여 상황적 맥락을 파악하고 이에 적합한 행동과 정서를 표현할 수 있도록 다측면적으로 지원이 제공되어야 한다.

3) 사회성 이해하기

> 그 애들은 나의 또라이 같은 면에도 불구하고 나와 사귄 것이 아니라, 그 모습 그대로의 나를 진심으로 좋아하는 것 같았다. 이 친구들 때문에 내 인생이 훨씬 견딜 만한, 재미있는 것으로 바뀌었다.
>
> '대학교수가 된 ADHD 소년 리틀 몬스터' 중 109쪽에서

- 친사회적 기술이 부족함
- 집단 규칙 지키기 어려움
- 친구들의 이야기를 주의깊게 듣지 않고 자기 고집대로 하기
- 친구를 자꾸 건드리거나 귀찮게 함
- 순서를 기다리지 못함
- 나누거나 협동하지 못함

ADHD를 가진 아동은 주변의 사람들과 원활한 상호작용을 하고 친사회적인 관계를 형성하는데 어려움이 있다. 이 아동들 또한 AS를 가진 아동처럼 주변사람들의 얼굴표정이나 자세, 눈짓 등의 비언어적 의사소통의 사회적 단서에 민감하지 못하다. 이것은 AS의 특성처럼 생리학적으로 이해하지 못하는 부분도 있겠지만 충동적이고 부주의함으로 인해 사회적 단서를 놓치는 경우가 많다. 또한 부주의하고 충동적인 행동 특성으로 인해 적절한 사회적 기술 습득의 기회를 놓치기도 한다. 즉, ADHD를 가진 아동이 보이는 과잉행동, 주의력 결핍, 충동성은 다양한 사회성 기술을 습득하는데 방해적 요인이 되며 성인에게는 문제가 많은 아동으로 치부되고 또래들에게는 소외되는 경험으로 이어진다. ADHD를 가진 아동은 남을 괴롭게 하거나 귀찮게 하고, 고집이 세고, 말을 잘 듣지 않고, 기본적인 규칙을 잘 지키지 못하며, 집단을 방해하는 행동을 자주 보이곤 한다. 때로는 거짓말을 하고 싸움을 하며 갈등의 원인을 남의 탓으로 돌린다. 이러한 특성이 사회적 관계, 특히 또래관계에 부정적인 영향을 미치게 되는 것은 당연한 결과일 수 있다.

또한 이 아동들은 사회적 맥락이나 상황을 이해하고 판단하는 능력이 부족하고 사회적 단서를 왜곡하거나 잘못 인식하여 상대의 의도를 잘못 판단하기도 한다. 타인의 입장과 감정을 이해하는 공감능력이 부족하여 상황에 적절하게 반응하지 못하여 다수의 아동들이 또래들로 하여금 거부를 당하게 된다. 타인의 감정을 살피기에는 이 아동들은 너무 바쁘다.

주의력결핍 유형의 아동들은 다른 유형의 아동들보다 사회적으로 더 소외되거나 더 많이 수줍어하고 불안해한다. 이에 또래와의 대화에도 잘 참여하지 못하고 남을 의식하여 더 위축되는 모습을 보인다. 부주의한 성향은 다른 사람들과의 관계를 관찰함으로써 사회기술을 습득하는 기회와 효과적인 사회적 상호작용에 필요한 단서들에 주의를 기울이는 기회를 제한한다. 이로 인해 이 아동들은 사회적 기술이 부

족하여 또래들에게 어떻게 행동해야 하는지를 몰라 적절한 관계를 형성하지 못하기도 한다.

　과잉행동과 충동적 성향이 강한 아동들은 주변의 제재를 싫어하고 남의 말을 잘 듣지 않으려 하며 잠시도 가만히 있지 못하고 거칠고 성가신 행동으로 또래의 활동을 방해한다. 설사 집단 안에서 무엇을 해야 하고 무엇을 하지 말아야 하는지 알고 있다고 하더라도 충동성을 조절하지 못해 규칙을 지키지 못하고 공격적인 행동으로 이어져 결국 또래들에게 거부를 당하게 된다. 이들은 앞서 기술한 것 같이 감정 조절에 상당한 어려움을 보이며 기분의 좋고 나쁨을 과도하게 표현하여 또래와의 관계를 형성하는데 어려움을 경험하며 다른 아동들에 비해 공격적 태도로 상호작용하는 경우가 잦다.

　공존질환을 갖게 될 확률이 높은 ADHD를 가진 아동을 위해서는 무엇보다도 또래나 주변인들과 호의적인 관계를 맺을 수 있는 친사회적 기술을 배울 수 있도록 지원하는 것이 필요하다. 원활하게 의사소통하며 상대의 감정을 이해하고 그에 적합하게 행동하며 자신의 감정을 이해하고 조절하여 수용될 수 있는 행동으로 표현할 수 있도록 도울 수 있는 친사회적 기술을 지도함으로써 보다 수용적인 아동이 될 수 있게 지원해야 한다.

　한 사례를 보면, 할머니와 둘이 사는 8살 준이가 밤 9시가 되도록 집으로 돌아오지 않는다고 할머니에게서 전화가 왔다. 준이는 학교 부적응과 행동문제로 지역 복지관의 복지사에 의해 치료가 의뢰되어 한 주 전 처음 만난 아이였다. 경찰서에 신고를 하고 애가 타는 마음으로 밤을 보내고 있던 중 새벽 1시 경에야 아이를 찾았다는 연락이 왔다. 준이는 동네아이들이 자기와 놀아주지 않아 자기와 놀아주는 친구를 찾아 계속 걸어가다 인근의 다른 아파트 놀이터까지 가게 된 것이다. 낯선 곳에서 또래의 남자아이를 만나 신나게 노는 동안 저녁이 되었고 배가 고파지자 무작정 그 아이를 따라 간 모양이다. 그 집에 들어간 준이는 자신의 집에는 없는 다양한 장난감과 큰 TV, 컴퓨터, 소파, 침대 등에 매료되어 나올 생각이 없어졌고 저녁에 퇴근하여 돌아오신 그 아이의 부모님들이 걱정하며 집에 가라고하는 말이나 꾸지람에도 "괜찮다"는 말만 반복하고 아랑곳하지 않았다고 한다. 주소나 전화번호를 알려주지 않은 채 이 방 저 방을 '마치 한 마리의 벌'처럼 헤집고 다니며 놀았다고 한다. 부산스럽고 통제가 잘 되지 않는 충동적인 준이는 겨우 사귀게(?) 된 장난감이 많은 이 새 친구를 놓치고 싶지 않았던 것 같다. 아파트 단지 내에 방송을 하고 준이의 집을 찾으려던 또래아이의 부모는 급기야 경찰서에 연락을 한 것이다. 우여곡절 끝에 경찰에게 연락을 받고 한걸음에 달려 간 할머니는 경찰서에서 곤히 잠든 준이를 보았고 집에 가자고 깨우자 제일 먼저 눈을 뜨고 한 말이 "내 친구는 어디 갔어?" 였다고 한다. 할머니는 잠결에도 새롭게 사귄(?) 친구를 정신없이 찾는 준이를 바라보며 짠한 마음에 혼낼 기운마저 빠져버렸다고 하셨다. 이 일을 계기로 할머니는 오랫동안 망설였던 전반적 발달 검사를 소아정신과에 의뢰하였고 준이는 ADHD로 진단을 받았다. 준이를 진단한 의사는 8년 동안 준이를 무탈하게 키우고 구구단과 천자문까지 뗄 수 있게 양육한 할머니의 노고에 무한한 감동을 전하였다. 우리 아이들에게 친구는 꿈결에서도 찾고 싶은 그 누구보다도 소중한 존재이며 반드시 있어야 할 존재이다.

PART 2

프로그램의 개관 "따뜻한 친구 되기 모임"

1. 프로그램의 개발 원칙 및 절차
2. 프로그램의 단계 및 특성
3. 프로그램의 구성 내용
4. 프로그램의 실행 시 주의점

1. 프로그램의 개발 원칙 및 절차

1) 프로그램 개발 원칙

사회성 기술 습득 및 사용에 어려움이 있는 아동들을 위한 사회성 기술 훈련 프로그램의 개발 원칙은 다음과 같다.

첫째, 집단의 응집력을 높이며 아동들과 교사 간 많은 접촉의 기회를 줄 수 있도록 4~6명의 소집단으로 구성한다.

둘째, 초등 교사가 생각하는 아동들의 사회적 유능감을 향상시킬 수 있는 필수 사회적 기술을 조사하여 그 내용을 바탕으로 한다.

셋째, AS 또는 ADHD의 인지적 특성을 고려하여 설명, 시범, 역할놀이, 피드백, 유지를 위한 전략 등의 요소를 포함한 인지행동적 접근을 통해 교수한다.

넷째, AS 또는 ADHD의 강점인 시각적 정보처리 능력(Quill, 1995)을 고려하여 시각적 교수 방법의 사용과 시각적 지원 전략을 적극 활용한다.

다섯째, 프로그램 시간에 배운 내용을 자연스러운 상황에서 시행할 수 있는 충분한 기회를 제공한다.

2) 프로그램 개발 절차

구체적인 프로그램의 개발 절차는 다음과 같다.

〈프로그램 개발 절차〉

단 계	내 용
1단계	**관련 문헌 및 선행연구 검토** • ASD 또는 ADHD 아동에 대한 사회성 향상 선행연구 고찰 • ASD 또는 ADHD 아동의 부모교육 병행 선행연구 고찰 • 일반 초등학생들의 사회성 향상 선행연구 고찰
2단계	**사회성 향상을 위한 사회적 기술 요구 조사 설문지 제작** • 선행연구 분석 결과를 통한 사회기술 4영역(의사소통, 친구관계관리, 협동, 자기조절) 및 하위기술 관련 설문지 제작 • 질문지 문항 타당도 검증: 특수교육 전공 석사 이상 교사 5인

Part 2. 프로그램 개관 : 따뜻한 친구 되기 모임

단 계	내 용
3단계	우선순위 사회성 기술 요구 조사 실시 및 내용 구성 • 성공적인 집단생활과 또래관계를 위해 필요한 사회적 기술 우선순위 선정: 특수교사 30인, 일반교사 22인을 대상으로 실시 • '매우 필요하다'(평균 4.5 이상)로 응답된 상위 15개 문항 추출: 의사소통 4문항, 친구관계관리 4문항, 협동 4문항, 자기조절 3문항
4단계	중재 프로그램 계획안 작성 • 사회성과 관련된 연구 또는 사회성 프로그램 진행 경험이 있는 특수교육 전공자 5인에게 프로그램 구성 및 진행 순서 자문 • 도입–전개(설명–모델링–역할놀이–코칭 및 피드백)–정리 단계의 활동 구성에 따른 회기별 프로그램 계획안 작성
5단계	중재 프로그램 내용 타당도 검증 • 일반교사 4인, 특수교사 4인, 특수교육 또는 발달심리학을 전공한 석사 이상의 사회성 프로그램 진행 경험이 있는 전문가 4인에게 내용 타당도를 검증받아 수정 및 보완

프로그램 내용을 구성하기 위해 실시한 질문지의 내용은 AS 또는 ADHD를 가진 아동 및 또래와의 관계에 어려움을 가진 아동을 대상으로 하여 사회성 향상을 위해 중재를 실시한 국내 실험연구를 분석하여 구성하였다.

우선, 질문지 내의 사회적 기술의 범주를 구분하기 위해 국내 사회적 기술 훈련 중재와 관련하여 국립특수교육원에서 개발한 사회적 기술훈련 프로그램(1994), 사회적 기술 평정척도 Social Skills Rating Scale(SSRS)과 Baker(2004)의 사회적 기술 분류, Caldarella 와 Merrell(1997)의 분류, Laugeson 과 Frankel(2008)의 사회적 기술 훈련 프로그램을 비교, 분석하여 의사소통기술, 친구관계관리, 협동기술, 자기조절기술의 네 영역으로 구분하였다.

각 영역에 포함된 하위 내용 및 기술은 AS 또는 고기능 자폐 장애 초등학생과 사회성 결함이 있는 ADHD 및 장애 아동을 대상으로 사회적 기술훈련을 실시한 실험논문의 프로그램 내용을 분석하였다(김종진, 김영화, 2002; 박동춘, 민춘식, 2008; 박영아, 장세희, 2011; 박현진, 허자영, 김영화, 송현주, 2011; 서경희, 2001; 온싱글, 신민섭, 2007; 이경숙, 홍정은, 2002; 이정은, 김춘경, 2000, 2002; 이혜숙, 2007; 임혜정, 김혜리, 손정우, 김영랑, 2008; 임윤희, 김미한, 최연희, 2010; 장혜경, 2007; 최성욱, 서경희, 2009; 한은선, 안동현, 이양희, 2001). 네 영역에 해당하는 하위 기술들을 구분하여 질문지를 구성한 후 장애아동의 사회성과 관련한 프로그램이나 연구를 실시한 경험이 있는 특수교육 전공 박사 과정생 3인과 박사 2인에게 문항의 타당성에 대해 검증하였다. 제시된 의견을 바탕으로 문항을 수정하였으며 질문지 문항 구성의 영역과 하위기술은 아래와 같다.

〈 사회성 기술 요구조사 문항 구성 및 주요 내용〉

영역	하위 기술	근거
의사 소통 기술	◎ 얼굴표정, 몸짓, 음성의 높낮이, 신체적 근접성 등을 비롯하여 이야기 시작하기, 일방적이지 않은 주고받으며 말하기, 경청하기, 적절한 때에 질문하기나 끼어들기 등 타인과의 원활한 의사소통에 필요한 잠재적 사회적 규칙 • 적절한 목소리, 눈맞춤, 물리적 거리 유지하기 • 대화시작하기 • 적절한 시기에 질문하기 • 이야기를 주고받으며 대화 유지하기 • 일방적으로 너무 오래 말하기 않기 • 상대방의 이야기에 귀 기울여 듣기 • 민감한 주제 삼가기 • 인사(만남, 헤어짐, 감사) 하기 등	한은선·안동현·이양희(2001), 이정은·김춘경(2000, 2002), 김종진·김영화(2002), 이경숙·홍정은(2002), 이혜숙(2007), 온성글·신민섭(2007), 최성욱·서경희(2009), 임윤희·김미한·최연희(2010), 서경희(2001), Baker(2004), Laugeson & Frankel(2008)
친구 관계 관리	◎ 또래와 어떻게 어울려야 하는지에 대한 방법 및 관계 맺기와 관련한 방법 • 상대방 의견 존중하기 • 자신의 놀이나 방법만을 주장하지 않기 • 친구와 통화하기 • 도움 주기 • 유머에 반응하기 • 친구 물건 사용하기 전에 허락 구하기 • 친구 공유하기 • 좋은 게임 상대자 되기 등	한은선 외(2001), 장혜경(2007), 이혜숙(2007), 임혜정·김혜리·손정우·김영랑(2008), 최성욱 외(2009), 서경희(2001), 박영아·장세희(2011), Caldarella & Merrell(1997), Laugeson & Frankel(2008)
협동 기술	◎ 문제해결 또는 문제예방 차원의 행동 • 놀이 및 활동 참여하기 • 순서 지키기 • 놀이 및 활동 요구하기 • 공유하기 • 타협하기 • 승리의 상황에 대처하기 • 패배의 상황에 대처하기 • 놀이 및 활동 끝내기 등	이정은·김춘경(2000, 2002), 이혜숙(2007), 박동춘·민춘식(2008), 임혜정 외(2008), 최성욱 외(2009), 박영아 외(2011), Caldarella & Merrell(1997), Baker(2004), Laugeson & Frankel(2008)

Part 2. 프로그램 개관 : 따뜻한 친구 되기 모임

영역	하위 기술	근거
자기 조절 기술	◎ 아동이 자신을 통제하는 행동 • 감정 알기 • 화가 났을 때 이야기하기 • 새로운 것, 낯선 것에 도전해 보기 • 규칙 따르기 • 침착해지기 • 상대방 감정을 이해한다는 것을 보여주기 • 놀림에 대처하기 • 화가 났을 때 이야기하기 • 비평 받아들이기 등	이정은 외(2000, 2002), 한은선 외(2001), 김종진 외(2002), 장혜경 외(2007), 이혜숙(2007), 오혜선외(2007), 윤선영 외(2007), 온싱글 외(2007),박동춘 외(2008), 임혜정 외(2008), 임윤희 외(2010), 서경희 (2010), 박현진 외(2011), 박영아 외(2011), Caldarella & Merrell(1997), Baker(2004), Laugeson & Frankel(2008)

질문지는 초등 특수교사와 장애아동 담임의 경험이 있으며 자폐성 장애에 관련된 수업을 한 과목 이상 이수한 일반 초등 교사를 대상으로 조사를 실시하였다. 특수교사는 30명, 일반 초등교사는 22명이 각각 참여하였다.

일반교사와 특수교사들이 중요하다고 인식하고 있는 성공적인 집단생활과 또래관계를 위해 필요한 사회적 기술에 대한 결과는 아래와 같다.

<교사가 인식하는 사회성 기술 우선순위>

순위	하위 기술	영 역
1	적절한 목소리, 눈맞춤, 차례, 거리 유지하기	의사소통
2	상대방의 이야기에 경청하기	의사소통
3	다른 사람의 물건 사용하기 전에 허락 구하기	친구관계관리
4	순서 지키기	협 동
5	다른 사람을 방해하지 않기	친구관계관리
6	놀이 및 활동 참여하기	협 동
7	자신의 방법만 주장하지 않기	친구관계관리
8	인사(만남, 헤어짐, 감사)하기	의사소통
9	양보하기	협 동
10	상대방 의견 존중하기	친구관계관리
11	감정알기	자기조절
12	타협하기	협 동

순위	하위 기술	영 역
13	규칙 따르기	자기조절
14	놀림에 대처하기	자기조절
15	이야기 주고받으며 대화하기	의사소통

3) 내용타당도 검증

내용 타당도를 최종 검증하기에 앞서 프로그램 구성 내용에 대해 특수교육을 전공하고 사회성과 관련한 연구 또는 프로그램을 진행하고 있는 전문가 5인에게 프로그램의 진행 순서 및 내용에 대해 자문을 구하였다. 이후 수정된 프로그램은 특수교육 또는 발달심리학을 전공하고 AS를 포함한 자폐 스펙트럼 장애 아동들을 대상으로 10년 이상 사회성 및 적응훈련을 중재하고 있는 전문가 4인과 통합교사의 경험이 있는 초등 일반교사 4인, 특수교사 4인에게 내용의 적합성 및 실제적 활용도에 대해 평정을 의뢰하였다. 이러한 과정을 통해 프로그램을 최종 수정 및 보완 작업을 실시하였다.

4) 프로그램의 목표

이 프로그램의 목표는 참여아동들의 개인생활, 학교생활에서 이들이 기능적이고 효율적으로 사회적 기술을 사용할 수 있는 잠재능력을 개발하여 사회성을 향상하는 것이다. 즉, 집단생활 적응에 필요한 의사소통, 자기 조절, 협동, 친구관계 관리와 관련된 사회적 기술 지도를 통해 친사회적 기술 및 또래관계기술을 습득 및 유지시키고자 하였다.

2. 프로그램의 단계 및 특징

프로그램은 각 회기 별 세 단계, 즉 도입·전개·정리의 단계로 이루어져있다. 각 단계별 구체적내용과 특징은 다음과 같다.

< '따뜻한 친구되기 모임' 프로그램 진행 절차>

단계	진행 절차	내 용
도입	인사하기/ 규칙점검	출석을 확인하고 그날의 기분을 점검한다. 집단의 규칙을 함께 읽고 왜 지켜야 하는지 확인한다.
	과제점검	지난 회기 부여한 과제 수행에 대해 발표한다. : 사회성 기술 연습, 전화통화 과제
	정의 내리기	주제를 소개하고 개념도식 과정을 통해 정의를 내린다. 주제가 왜 중요한지, 언제 사용되는지 등을 이야기한다.
전개	주제설명	사회성 기술 수행단계를 설명한다. : 각 수행단계에 해당하는 바람직한 예와 그렇지 않은 예를 들어 보여준다.
	시범 보이기	진행교사와 보조진행교사가 사회성 기술 수행을 보여준다.
	역할놀이	아동들이 제시된 상황에서 역할놀이를 하고 아동의 활동에 대해 피드백을 주어 습득을 돕는다.
	파워카드 제공	핵심 기술이 요약된 파워카드를 나눠주고 함께 읽는다.
정리	돌아보기	오늘 배운 내용에 대해 새로운 점, 반성할 점 등에 대해 발표한다.
	일지정리	오늘 배운 것에 대해 일지에 정리한다.
	과제제시	가정에서 부모와 연습할 수 있도록 과제를 제공한다. 전화통화 과제를 할 친구를 정한다.
	자유놀이	보조교사 지도하에 자유롭게 놀이한다.

1) 도입

(1) 인사하기 및 출석확인하기

• 매 회기 도입 단계에서는 출석을 확인하며 아동들의 이름을 칠판에 적는다.

• 당일의 기분과 그와 관련된 일상을 확인하며 서로에게 관심을 갖게 한다.

• 감정표현이 서툴고 주변인들의 감정을 인식하지 못하는 참여 아동들의 특성을 고려하여 서로의

감정이나 일상을 듣거나 접할 수 있는 기회를 최대한 활용하고 제공하는 것이 중요하다.

> **TIP!!**
> - 주변인에 관심이 부족한 AS 아동들, 주의 기울이기에 어려움이 있는 ADHD 아동들을 고려하여 주의 환기를 빈번히 하며 칠판을 적극 활용해야 합니다.
> - 초기에는 교사가 출석을 확인하며 아동들이 서로의 이름을 외울 수 있도록 자극을 주고 3-4회기 이후부터는 원하는 아동이 있다면 교사 대신 출석을 부르도록 하며 칠판에 이름을 직접 적게 하여 서로에게 관심을 갖게 하는 것도 좋습니다.

(2) 규칙점검

- 집단 내에 규칙이 있다는 것을 인식시키기 위해 매회기 규칙을 확인한다.
- 매 회기 규칙을 확인함으로써 집단 규칙에 맞게 스스로의 행동을 조절 및 점검 할 수 있게 돕는다.
- 규칙은 '경청하기'를 비롯하여 '손들어 허락 구하고 말하기', '옆 사람 건드리지 않기' 등 3~4가지를 제시한다.
- 1~2개는 집단 내에서 의논하여 정한다.

> **TIP!!**
> - '규칙 지키기'는 집단생활에서 가장 필요한 '사회적 기술'중 하나입니다.
> - 집단 내 규칙의 적절한 수는 5개 이내로 그 이상을 넘지 않도록 합니다.
> - 규칙 내에 '규칙을 반드시 지킨다'는 규칙을 넣어 매 회기 확인하는 것도 좋습니다.
> - 시각적 학습자인 아동들의 특성을 고려하여 매 회기 규칙을 칠판에 적어 아동들이 규칙을 이해하고 지키는데 도움을 줍니다.
> - 규칙은 되도록 긍정적 표현으로 합니다. 예를 들어 '떠들지 않기'보다는 '조용히 하기', '다른 사람이 말할 때 떠들지 않기'보다는 '경청하기', '실내에서 뛰지 않기'보다는 '실내에서는 걷기'등으로 표현하여 아동들이 해야 하는 행동을 규칙을 통해 알려주도록 합니다.

(3) 과제점검

매 회기 두 종류의 과제를 제공한다.

- 첫째, 수업 시간에 배운 내용을 가정으로 돌아가 수시로 부모와 연습해보기
- 둘째, 집단 구성원들 또는 주변인들과 통화하면서 배운 기술을 수시로 사용해보기
- 과제를 수행한 내용에 대해 간략하게 발표한 후 토큰을 제공함으로써 동기 부여한다. 특히 AS 또

는 ADHD 아동들이 타인의 이야기를 주의깊게 듣는 태도에 어려움이 있는 특성을 고려하여 규칙 중 '경청하기'를 강조하여 서로의 이야기를 잘 들을 수 있도록 지도한다.

TIP!!

- 과제는 새로 배운 기술의 습득과 유지, 일반화를 위해서 중요하지만 과제를 점검하는 시간은 다른 사람들의 이야기를 경청하는 연습을 할 수 있는 매우 중요한 시간입니다.
- 특히 타인의 이야기에 귀 기울이지 못하는 아동들의 특성을 고려하여 수시로 '경청하기'규칙을 강조하고 토큰제도를 적극적으로 활용하여 경청을 잘하고 있는 아동들에게 그만큼의 보상(토큰/포인트)을 반드시 줍니다.
- 왜 보상(토큰/포인트)을 받게 되는지 모든 아동들이 이해할 수 있도록 구체적으로 그 이유를 설명해주어야 합니다.
  예) 과제를 해서, 과제 발표를 잘 해서, 과제 발표하는 친구의 이야기를 잘 듣고 있어서 등
- 아동들의 긍정적이고 적극적인 반응에 보상을 제공하는 것으로만 토큰제도를 사용하고, 잘못된 행동이나 방해 행동에 벌의 의미로 제공한 보상을 제거하는 방법을 사용하지 않습니다. 아동들이 집단 활동 내에서 최대한 긍정적이고 따뜻한 경험을 할 수 있도록 합니다.

(4) 주제 소개 및 '우리들만의 정의' 내리기

새롭게 배우게 될 사회성 기술(주제)을 알려주고 칠판에 주제를 기록한 후, 이에 대한 의견을 브레인스토밍하듯 자유롭게 발표하여 아동들만의 의견을 모아 주제에 대한 개념을 정리한다. 참여 아동들이 적극적으로 참여하고 학습할 수 있도록 아동들의 주의집중을 도울 수 있는 '개념 도식'을 활용하였다(Laushey, 2002). 개념 도식은 주제에 대해 아동들이 다양한 생각을 말하고 그 의견과 주제와의 관련 정도를 검토하여 의견을 종합한 후 하나의 개념으로 정리하는 과정을 시각적 표로 도식화하는 개념정리 방법이다.

- AS 또는 ADHD 아동이 보이는 취약한 공동주의와 선택적 주의를 이들의 강점인 인지적 능력과 언어 능력, 시각적 사고를 활용하여 아동들이 보다 프로그램에 집중하도록 동기를 부여하기 위해 구성한 것이다.
- '우리들만의 정의'를 내린 후,
- 관련 사회적 기술이 필요한 이유- 관련 상황적 맥락
- 관련 사회적 기술을 사용하지 않는다면 상대방이 느끼게 되는 감정
- 관련 상황적 맥락에서 아동 자신이 느끼게 되는 감정이나 상태
  등을 구체적으로 이야기 나누며 주제를 도입한다.

- 아동들이 이야기하는 모든 의견은 칠판에 적는다(보조교사).

TIP!!

- AS 또는 ADHD 아동들은 학교에서 발표시간에 다양한 이유로 위축되기 쉽습니다.
- 상황에 맞지 않는 충동적 발표와 큰소리로 인한 수업 방해, 발언 내용의 부적절성, 지적하는 듯한 태도나 공격적 어투, 현학적인 내용 등으로 잘난 척을 한다거나 수업에 방해가 되는 등의 이유로 발표의 기회를 거의 얻지 못하거나 질타를 받기 쉽습니다.
- 이 모임에서는 아동들이 마음껏 자신의 의견이나 생각을 표현하며 발표의 기회를 충분히 얻을 수 있도록 하는 것이 중요합니다. 다소 엉뚱한 의견일지라도 그 뜻을 존중하고 수용하여 주세요. 때로는 주제와 관련이 없는 것처럼 느껴질 때도 있으나 끝까지 그 의견의 이유를 들어보세요. 아동의 독특한 사고방식을 이해할 수 있는 기회가 되기도 하며 주제와 관련 되어지는 경우도 많습니다.
- 그러나 주제와 어긋난 상황에 관계없는 이야기를 할 경우는 주제를 다시 한 번 상기시켜 주제와의 연관성 있는 의견을 발표할 수 있게 도움을 주세요.
- '우리들만의 정의내리기' 진행 절차가 익숙해지면 주제 소개 시간도 아동들의 호기심을 자극하여 참여를 촉진할 수 있는 다양한 방법을 생각하여 진행하면 좋습니다.
  예) 주제가 '대화하기' 일시 'ㄷ ㅎ ㅎ ㄱ' 식의 초성만 제시하고 힌트를 주어 맞추게 하는 등
- 진행 교사는 지나치게 한 아동의 의견으로 치우치지 않도록 잘 조율하여야 합니다.

2) 전개

전개 부분의 각 단계는 주제에 대한 설명과 진행교사의 시범보이기, 역할놀이 및 연습, 파워카드 제공으로 구성하였다.

(1) 사회성 기술 설명하기

- 참여 아동들이 내린 정의와 주제를 연계하여 사회적 기술을 습득하기 위해 필요한 규칙 및 구체적 실행 단계를 순차적으로 설명한다.
- 사회성 기술을 적절히 수행할 수 있도록 하나의 기술을 과제 분석하여 단계별로 수행할 수 있도록 지도한다.
- 각 단계를 칠판에 기록하고 이에 해당하는 시범을 천천히, 과장되게, 분명한 언어를 사용하면서 보여주어 아동의 이해를 돕는다.

(2) 시범 보이기

- 각 단계를 설명하면서 교사는 보조 교사와 시범을 보인다.
- 필요하다면 바람직한 예와 바람직하지 않은 예를 보여주어 잘 된 부분과 잘못된 부분을 아동들이 찾아보게 한다.

> **TIP!!**
> - '기술 설명'과 '시범 보이기'는 함께 진행하며 설명해주어도 됩니다.
> - 바람직한 예와 바람직하지 않은 예를 보여줌으로써 아동들로 하여금 분명한 차이를 이해할 수 있게 할 수 있습니다.
> - 부모와의 상담, 아동과의 대화를 통해 평소 아동들의 일상생활에서 그 사례를 수집하여 이를 예로 들어 시범 보이기를 하는 것도 좋습니다.
> - 바람직하지 않은 예에서는 무엇이 어떻게 잘못되었는지, 그리고 이러한 잘못으로 인해 상대방이 느끼게 되는 기분이나 결과는 어떤 것인지를 아동들이 구체적으로 찾아보게 합니다.
> - AS 또는 ADHD의 인지적 왜곡을 최대한 줄여나갈 수 있도록 구체적으로 설명해주는 것이 매우 중요합니다.

(3) 역할놀이 및 피드백 제공하기

- 아동들은 새롭게 배운 기술에 대해 역할놀이를 하며 연습한다.
- 앉은 자리에서 진행하거나 앞으로 나와 한 팀씩 역할 놀이를 한다. 방법은 아동들의 성향과 의견에 따라 진행한다.
- 교사와 보조 교사는 아동들의 역할에 대해 피드백을 제공한다.
- 때로는 주제와 관련하여 아동들이 자신의 실제 사례를 발표하고 그에 따라 즉흥적으로 역할놀이를 함으로써 구체적 상황을 이해하고 그에 적합한 적응적 사회성 기술을 습득하도록 유연하게 진행할 수 있다.

> **TIP!!**
> - 장애를 가진 아동들을 양육하는 부모나 교사에게 있어 가장 중요한 태도 중 하나는 융통성과 유연한 사고입니다. 필요하다면 아동들이 처해있는 상황과 아동들의 상태에 맞게 내용이나 전략을 조절해야 하며 반드시 절차대로 진행하기 위해 상황을 무시하지 마세요. 지금 현재 아동들이 처해있는 상황에서의 이해가 제일 중요합니다.
> - 프로그램의 내용과 아동들의 실제 상황을 적절히 연계하며 융통성있게 진행하기 위해 진행 교사는 프로그램을 완전히 숙지하고 있어야 합니다.

(4) 파워카드 제공하기

- 학습한 사회성 기술의 핵심 내용을 파워카드(power card)로 제작하여 아동들에게 제공한다.
- 파워카드는 사회적 상황, 일과, 언어의 의미, 잠재적 교육과정을 이해하도록 도와주기 위하여 아동의 특별한 관심을 활용한 시각적 보조 자료이다(Gognon, 2001).
- 아동의 시각적 사고를 활용하여 새로 배운 기술의 습득 및 유지를 돕기 위해 일상에서 가지고 다니며 빈번히 볼 것을 권한다.
- 첫 회기에서 서로를 알아가는 활동을 하며 구성원들의 관심사를 미리 알아보고 참여 아동들이 좋아하거나 특별한 관심을 보이는 캐릭터 등을 각 회기의 파워카드 캐릭터로 활용하여 제작한다.
- 전개의 마지막 단계에서 파워카드를 나눠준 후 카드에 적힌 핵심 내용에 대해 큰 소리로 읽고 정리한다.
- 파워카드 활용 방법
  ① 1회기에서 아동들이 좋아하는 캐릭터를 확인한다.
  ② 매 회기 핵심 기술을 요약하여 가로 15cm x 세로 7-8cm의 직사각형 틀을 만든다.
  ③ 직사각형의 왼편에는 기술의 핵심 내용을, 오른편에는 아동들의 캐릭터 그림을 넣는다.
  ④ 이를 인쇄하여 코팅한다.
  ⑤ 매 회기 아동들에게 "오늘은 누가 좋아하는 캐릭터의 카드"를 주게 되는지 호기심을 자극하며 나눠준다.
  ⑥ 카드를 준 후에는 핵심 기술의 내용을 다 함께 큰 소리로 읽는다.
  ⑦ 카드의 명칭은 캐릭터와 연관하여 부를 경우 아동들이 더 기억을 잘한다. 물론 캐릭터는 집단마다 회기마다 다르다.
  예) 라바의 공통점 찾기 카드, 미키마우스와 미니마우스의 대화 10계명 등
  ⑧ 카드를 모아 가지고 다닐 수 있도록 카드의 상단 왼쪽에 구멍을 내 고리를 나눠준다.
  ⑨ 매 회기 전날의 내용을 확인할 때 카드를 활용하도록 하며 자신의 물건을 잘 챙기지 못하는 아동들의 특성을 고려하여 잘 갖고 왔을 경우 토큰(포인트)으로 보상한다.

> ♠ **대화하기 기술의 기본 규칙 - 공통점 찾아가기**
> 1. 친구에게 궁금한 것에 관해 물어본다.
> 2. 친구에게 물었던 질문에 대해 스스로도 답한다.
> 3. 서로의 관심사 및 공통점을 찾는다.
> 4. 주고받는 대화를 나눈다.
> ※ 주의사항! 나의 관심사에 대해서만 말하지 않는다.

3) 정리

(1) 돌아보기

- 오늘 학습 내용에 대해 새롭게 알게 된 점이나 반성할 점, 함께 한 친구들에 대한 칭찬 등에 대해 발표하는 시간을 갖는다.
- 이 시간을 통해 새롭게 배운 사회성 기술을 한 번 더 점검하고 이해하는 것을 돕는다.

(2) 회기 참여 일지 작성

- 오늘 학습한 내용에 대한 자신의 생각을 정리하고 배운 내용에 대해 스스로 점검하는 시간을 갖는다.
- 돌아보기와 일지작성 중 아동들에게 적합하거나 교사가 집단을 운영하기 용이한 것으로 선택하여 진행할 수 있다.

(3) 과제 나누기

- 과제는 다음과 같다.
  첫째, 회기 내 배웠던 것을 가정에서 부모와 함께 연습하거나 일상생활에서 사용하기
  둘째, 매 회기 집단 구성원 또는 그 외의 사람과 전화통화하여 기술 사용하기
- 10회기 이후부터는 집단 구성원이 아닌 외부 사람들과 통화하는 과제를 제공함으로써 새롭게 학습하고 습득한 기술들을 익숙하지 않은 이들과도 사용하게 한다.
- 통화대상자를 외부에서 찾지 못할 경우 집단 내부의 친구들이나 부모님들과 하도록 한다.

TIP!!

- 평균 이상의 지적 능력을 갖고 있음에도 새로운 기술의 습득과 유지, 일반화의 취약성이 AS 또는 ADHD 아동들의 가장 큰 약점입니다.
- 이를 보완하기 위해 과제는 필수적이며 반드시 하도록 해야 하는 중요한 요소입니다.
- 집단 내의 아동들과 통화를 하는 1-10회기 동안에는 교사가 주도하여 짝을 정하여 줍니다. 아동들에게 서로 선택하도록 하는 것도 좋지만 때로는 이러한 과정에서 ADHD 아동들의 경우 갈등이 유발되기도 합니다. 집단의 분위기가 화기애애하다면 적응이 되어가는 4회기 이후부터는 아동들 스스로 결정해보게 하는 것도 좋습니다.
- 참여 아동들이 사다리 타기 또는 가위바위보 등 다양한 방법을 제시할 경우 결과를 수용한다는 약속을 한 후 아동들의 의견에 따라 짝을 정하는 것도 좋습니다.

(4) 자유놀이

- 모든 활동을 정리하고 간식을 나누어 먹으며 자유롭게 놀이를 한다.
- 약 10분간 아무런 지시나 제약없이 자유롭게 놀이할 수 있는 시간을 제공한다.
- 혼자 놀이를 하더라도 괜찮으나 집으로 먼저 가거나 외부로 나가는 행동에 대해서는 제한을 둔다.
- 집단 활동을 하더라도 계획된 활동만을 한 후 곧장 헤어지게 되어 친밀하게 사귀거나 이야기를 나눌 시간이 부족하였다는 부모들의 실제적 보고를 반영하였다.

TIP!!

- 바쁜 현대사회를 사는 우리 아동들은 장애, 비장애를 떠나 온전히 자유롭게 놀 수 있는 시간과 기회가 부족합니다. 더욱이 프로그램에 참여한 아동들의 경우에는 이러한 인위적인 모임시간에도 교육이 끝난 후에는 바로 각자 흩어지게 되어 서로간에 친해질 시간이나 기회가 부족할 수 있습니다. 따라서 성인의 개입을 최소화하고 아동들 끼리만의 자유로운 시간을 줍니다.
- 초기에는 아동들이 어울리지 않고 각자 놀이를 하기도 합니다.
- 3회기 이상 독립적인 활동이 지속되면 진행교사 보다 상대적으로 교육적 태도를 덜 보인 보조교사가 자연스럽게 아동들과 어울리며 아동들간의 연결고리 역할을 합니다.

3. 프로그램의 구성 내용

'따뜻한 친구되기'는 친구가 될 수 있는 요소, 원활한 의사소통(주고받는 대화, 전화예절)을 하기 위한 기술, 자기 조절(감정을 이해하고 표현하기, 공감하기, 칭찬, 도움, 또래 집단에 들어가기, 놀림에 대처하기), 협동(도움, 주장 조절하기, 좋은 게임 친구 되기) 등의 내용으로 구성되어 있으며 총 16회기(회기당 90분, 쉬는 시간 포함)로 구성되어 있다. 프로그램의 구체적인 내용과 과제는 다음과 같다.

회기	주제	내용	과제
1	반갑다, 친구야	• 프로그램의 목적 이해	
2	관심사 알아보기	• 서로의 관심사 알아보기	• 집단구성원과 통화: 관심사 찾기
3	주고받는 대화하기	• 대화 기술 배우기 • 경청의 중요성	• 집단구성원과 통화 • 주고받는 대화 연습 (대화 십계명)
4	전화통화 예절	• 전화통화 기술 배우기	• 집단구성원과 통화 • 관심 물건 가져오기
5	우리는 대화의 달인	• 나의 관심사 소개하기 • 자신의 소지품을 친구들에게 소개하며 대화나누기	• 집단구성원과 통화: 인사말, 대화, 헤어짐 말 사용
6	다양한 감정 이해와 표현하기	• 다양한 감정 단어를 알고 자신의 경험과 연결하여 표현해보기 • 적절한 방법으로 감정 표현하기	• 집단 구성원과 전화하기 • 부모-자녀 감정 표현하기
7	친구 감정에 반응하기	• 친구의 감정 이해하고 적절한 방법으로 반응하기	• 집단 구성원과 전화하기 • 부모-자녀 감정 공감하기
8	내 마음, 네 마음, 우리 마음	• 감정 게임 • 감정 표현과 공감하기 게임	• 집단 구성원과 전화하기 • 부모님의 감정 공감하기
9	칭찬 주고받기	• 자신의 장점 찾아 칭찬받기 • 친구의 장점 찾아 칭찬하기	• 집단 구성원과 전화하기 • 칭찬 노트 작성하기
10	도움 주고받기	• 도움이 필요할 때 적절하게 도움을 청하기 • 도움이 필요한 친구 도와주기	• 집단 구성원과 전화하기 • 칭찬노트 작성하기 • 도움청하기/도움주기
11	주장 조절하기	• 자기 생각 적절하게 표현하기 • 타인의 생각 경청하기 • 생각 조절하여 둘 다 승리하는 방법 찾기	• 집단 구성원과 전화하기 • 주장조절하기(부모와 실습)
12	놀림에 대처하기	• 놀림에 대처하기	• 집단 외 사람과 전화하기 • 놀림 대처하기 연습

회기	주제	내용	과제
13	또래대화참여하기	• 진행되고 있는 또래 대화나 놀이에 참여하기	• 집단 외 사람과 전화하기 • 또래 대화에 참여하기
14	좋은 게임 친구 되기 1	• 규칙 지키기, 차례 지키기 • 승리에 칭찬하기	• 집단 외 사람과 전화하기 • 가족과 보드게임
15	좋은 게임 친구 되기 2	• 규칙 지키기, 차례 지키기 • 칭찬, 허락, 사과, 친구의 감정 등을 모두 표현하기	• 집단 외 사람과 전화하기 • 친구 초대하여 게임하기
16	졸업식	• 마무리 및 졸업식	• 따뜻한 친구 되어 주기

4. 프로그램 실행 시 주의점

1) 참여 아동들이 이해할 수 있도록 기술 하나하나를 과제 분석하여 구체적으로 설명하고 체험의 기회를 제공하는 수업이다.

2) AS/ADHD 아동들의 관점과 사고패턴을 이해하기 위해 최대한 아동의 의견을 듣는다.

3) 시각적 학습자인 AS/ADHD 아동들의 특성을 고려하여 최대한 시각적 자료를 활용하여 설명한다.

4) 6-8명의 아동들로 구성하고 주교사 외에 1인의 보조교사를 활용하는 것이 효과적이다.

5) 주교사의 역할: 프로그램의 진행과 토큰의 제공을 결정하는 역할을 담당한다.

6) 보조교사의 역할: 칠판에 기록하거나 주교사의 결정에 따라 아동들에게 토큰을 주는 역할, 자료를 준비하는 역할을 담당한다. 또한 아동들이 잘 따라가지 못하거나 프로그램 진행을 방해하는 경우 아동들을 격려하고 돕는 역할을 한다.

7) 프로그램은 순서대로 실시하되 흐름이 손상되지 않는 범위에서 아동들의 효과적인 이해를 위해 주교사의 임의대로 조정할 수 있다. 그러나 수업에 적응하여 아동들이 프로그램에 익숙해질 수 있도록 초기에는 순서대로 진행한다.

PART 3
프로그램의 실제

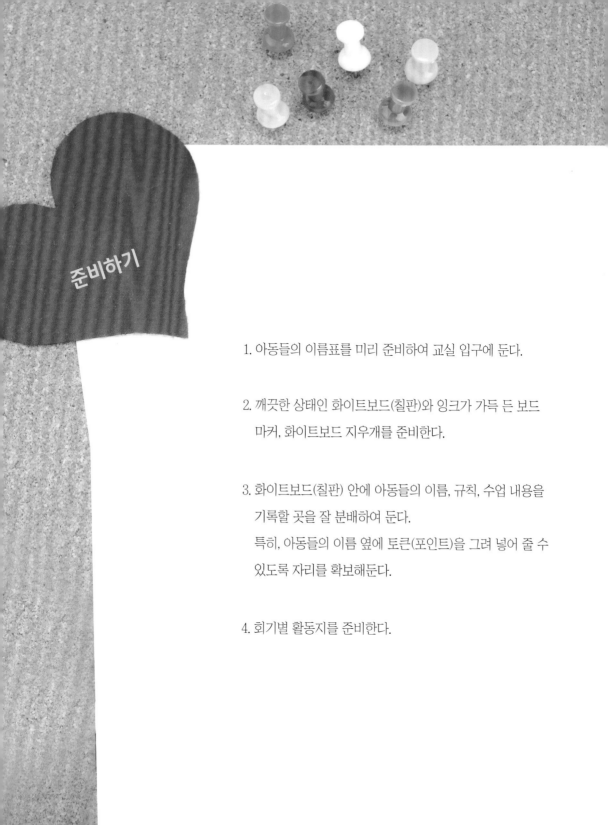

준비하기

1. 아동들의 이름표를 미리 준비하여 교실 입구에 둔다.

2. 깨끗한 상태인 화이트보드(칠판)와 잉크가 가득 든 보드
   마커, 화이트보드 지우개를 준비한다.

3. 화이트보드(칠판) 안에 아동들의 이름, 규칙, 수업 내용을
   기록할 곳을 잘 분배하여 둔다.
   특히, 아동들의 이름 옆에 토큰(포인트)을 그려 넣어 줄 수
   있도록 자리를 확보해둔다.

4. 회기별 활동지를 준비한다.

1. 대화를 나눠요

따친모 1. 반갑다, 친구야

목 표	· 프로그램의 목적과 내용을 이해할 수 있다. · 서로에 대해 소개하고 친밀감을 형성할 수 있다.
준비물	이름표, 서약서, 펜, 회기 참여일지, 활동지 (부록 참고)

단 계	활동 내용
도 입	🐷 "따친모" 선생님들 소개 　– 프로그램 진행할 선생님 소개 　– 프로그램 함께 진행할 보조선생님 소개 　– 프로그램 이름 "따친모" 소개하기 🐷 "따친모" 프로그램 소개 　– '따뜻한 친구되기 모임' 프로그램(목적, 시간, 횟수, 진행 순서 등) 설명 　– 토큰제도 설명하고 졸업파티 설명하기 　– 서약서 사인하기
전 개	🐷 오늘의 활동 소개 　– "따친모" 규칙 정하기 　– 친구 소개하기 🐷 규칙 정하기 　– 2~3개의 규칙 제시하기 　– 참여 구성원들과 함께 2~3개 규칙정하기 🐷 친구 소개하기 　– 친구 소개 활동지 나눠주기 　– 짝을 이뤄 활동지의 질문에 따라 서로 질문하기 　– 자신이 인터뷰한 친구에 대해 리포터가 되어 소개하기 🐷 누구일까요? 　– 활동지에 적힌 내용으로 퀴즈시간 갖기
정 리	🐷 돌아보기 　– 이번 시간에 새롭게 배운 점, 도움이 된 점, 칭찬할 점 등을 발표하기 또는 일지에 기록하며 점검하기 🐷 과제 나누기 　– 집단 구성원 중 1인에게 안부 전화하기 🐷 간식 및 자유놀이 　– 간식을 먹으며 자유놀이하기

활동 지도안 1

Ⅰ. 도입

1. 인사 및 교사 소개

1) 진행교사와 보조교사에 대한 소개와 인사로부터 시작한다.

2) 모임의 이름 "따친모"를 소개한다.

- 아동들이 호기심을 가질 수 있게 모임명칭을 줄임말로 소개한다.
- 다양한 의견을 들어본다. 그리고 "따"에서 나올 수 있는 부정적인 이미지와 긍정적인 이미지를 대비하여 생각할 수 있도록 한다.
- 아동들이 충분히 발표하도록 한 후 "따뜻한 친구되기 모임"의 줄임말임을 알려준다.

따친모 Episode

"따"라는 글자에 갖게 되는 선입견 또는 다소 부정적인 어감 대신 "따뜻"이라는 긍정적 단어가 있음을 알려주고자 하는 의도로 모임의 이름을 "따친모"로 정하였다.

실제로 프로그램을 진행할 때에 "왕따", 또는 "따돌림"이라는 부정적 단어가 더 많이 나왔으며 "따뜻한 친구되기 모임"의 줄임이라는 것을 설명하자 아동들은 수긍하며 긍정적인 반응을 보였다. 그러나 부모님들은 그래도 왕따가 더 생각나신다며 좋게 느껴지지 않는다는 상반되는 반응을 보이시기도 하였다.

안녕하세요?

만나서 반갑습니다. 저는 여러분과 함께 매주 만나게 될 OOO입니다.

그리고 또 한 선생님이 계시죠. 이 선생님은 OOO입니다.

우리 모임의 이름은 "따친모"입니다.

자, "따, 친, 모"는 무슨 말의 줄임말일까요?

("왕따 친구 모임", "따들의 친구 모임" 등 부정적인 의미의 표현이 주로 나올 수 있다.)

"따"라고 하면 왠지 그런 말들이 많이 생각나죠? 근데 좋은 의미의 말도 있답니다.

무슨 말일까요?

("따뜻한"이라는 말이 나올 때까지 의견을 듣거나 교사가 말해준다.)

그래요. 이 말은 "따뜻한 친구되기 모임"의 줄임말입니다.

여기 모인 우리는 이제 서로에게 그리고 주변인들에게 "따뜻한 친구", "따뜻한 이웃"이 될 수 있도록 함께 연습하게 될 것입니다.

2. '따뜻한 친구되기 모임' 프로그램 소개

1) 모임의 목적과 총 회기, 한 회기의 시간 등을 설명하기

- 친구를 잘 사귀고 좋은 친구가 되어 주기 위한 방법을 배우기 위해 우리가 이곳에 모이게 된 것에 대해 이야기한다.
- 주 1회 90분씩 총 16회의 모임을 갖게 될 것임을 설명한다.
- 매 회기 "출석-규칙 확인-과제발표-개념정의-주제설명-시범 보이기-역할놀이 및 연습-돌아보기(또는 일지작성)-간식 및 자유놀이(구성 요소를 칠판에 기록한다.)" 순서로 수업이 진행될 것임을 칠판에 쓰며 설명한다.
- ☞ 주교사가 설명하는 순서에 따라 보조교사가 칠판에 적는다.

♠ **출석:** 매 회기 출석 확인하기
♠ **규칙 확인:** "따친모"의 규칙을 정하여 매 시간 확인하기
♠ **과제 및 과제 발표:** 매 회기 배운 것을 집에서 부모님과 함께 연습을 해보고 그 경험에 대해 발표하기
♠ **주제 정의하기:** 오늘의 주제를 소개하고 주제에 대한 '우리들만의 정의'내리기
♠ **주제 설명:** 오늘의 배울 내용에 대해 진행교사가 설명하기
♠ **시범 보이기:** 진행교사와 보조교사가 시범 보이기
♠ **역할놀이 및 연습**
♠ **돌아보기(또는 일지작성)활동**
♠ **간식 및 자유놀이**

- 마지막 회기(16회기)는 졸업식이 예정되어 있음을 알린다.

2) 토큰 모으기

- 수업에 적극적으로 참여하게 되면 토큰이 제공되고 획득한 토큰의 수에 따라 개별상과 집단상이 주어지게 됨을 설명한다.
- 개별상은 졸업식 때 가장 먼저 선물을 고를 수 있는 특권을 받게 되는 것이다.
- 집단상은 각 개인이 모은 토큰의 수를 모두 합쳐 모아진 토큰의 수에 따라 졸업 파티의 규모를

결정하게 될 것임을 설명한다.

☞ 개별상, 집단상에 대한 것은 자유롭게 변경할 수 있다.

- 토큰 모으는 방법

① 출석을 한다.

② 발표를 한다.

③ 역할놀이에 참여한다.

④ 규칙을 잘 지킨다.

⑤ 친구들의 추천을 받는다.

☞ 진행교사가 설명하고 보조교사가 칠판에 적는다.

따친모 Episode

6명 정도가 참여한 집단에서 한 회기에 받게 되는 토큰 수의 평균을 계산하여 총 16회기 동안 받을 수 있게 되는 총 토큰의 수를 미리 계산하여 파티의 규모를 정한다.

예를 들면) 전체 합이

500개 이상 600개 미만 : 과자파티

600개 이상 700개 미만 : 중식파티

700개 이상 800개 미만 : 치킨파티

800개 이상 900개 미만 : 피자파티

900개 이상 무한대 : 뷔페 파티(위의 음식을 골고루~)

이곳에 우리가 왜 모였을까요?

우리가 다른 사람들에게 먼저 좋은 친구가 되어 주기 위해 어떻게 하면 좋을지 그 방법을 생각하고 배우기 위해 모였습니다. 새롭게 친구를 사귀거나 친구들과 잘 지내기 위한 방법을 알아보게 될 것입니다.

모임은 일주일에 한 번, 총 16번을 만나게 됩니다.

한번 모일 때 90분 정도의 시간을 함께 갖게 됩니다.

마지막 날에는 멋지게 졸업식을 할 예정입니다.

매 시간 모일 때마다 다양한 활동도 하고 쉬는 시간도 있고 간식시간도 있습니다.

우선 우리가 모이면 반갑게 인사도 하고 출석을 부른 후 큰 소리로 우리가 지켜야 할 규칙을 확인합니다.

그리고 간단한 과제를 줄 것인데요, 이것은 우리가 배운 것을 집에서 복습해 보는 것입니다. 집에서 부모님이나 가족들과 과제를 복습한 후에 여기에 와서 발표하는 시간을 가질 것입니다.

그런 후에는 따뜻한 친구가 되는 오늘의 주제에 대해 선생님이 설명할 것입니다. 그리고 그와 관련

된 다양한 활동을 하고 정리한 후 간식시간을 갖게 됩니다. 좋아하는 간식을 이야기해주면 최대한 반영하도록 할게요.

수업에 참여할 때 열심히 노력하는 친구들, 질문에 대답을 하는 친구들, 과제를 해 와서 발표하는 친구들한테 토큰을 줄 것입니다.

1회기부터 16회기까지 합산하여 가장 많이 토큰을 획득한 친구에게 졸업식 때 1등으로 졸업선물을 고를 수 있는 특권을 줄 겁니다.

그리고 16회기 동안 우리 모두가 모은 토큰의 수를 다 합하여 졸업식 파티의 음식을 결정하려고 합니다. 즉, 우리 모두가 모은 토큰의 수가 많을수록 맛있는 것이 많아지는 화려한 졸업식을 하게 될 것입니다.

3) 서약서 받기

모임에 결석하지 않고 열심히 참여할 것임에 대한 서약서에 사인한다. (부록 1)

> **따친모 TIP!!**
> • 따친모에 참여하는 아동들은 주로 시각적 학습자입니다. 청각적 자극보다는 시각적 자극을 제공하였을 때 주의집중과 이해도가 높아집니다. 따라서 중요한 이야기나 핵심 내용은 되도록 칠판에 기록하여 아동들의 이해와 기억을 돕도록 하는 것이 좋습니다.

II. 전개

1. 오늘의 활동 소개

1) '따친모' 규칙 정하기

- 규칙이 있어야 하는 이유를 아동들이 이해하도록 설명한다.
- 총 5개의 규칙을 세울 것이며 3개는 '따친모'의 규칙으로 정해져 있고 나머지 2개는 아동들이 정한다.
- 모든 아동들이 발표할 수 있도록 기회를 다양하게 주고 다수결의 원칙대로 정한다.
- 이 때 발표하는 아동들에게 토큰을 제공한다.
- 우선 3개의 규칙을 칠판에 적는다.
  ① 경청하기
  ② 손들고 말하기

③ 친구들 의견 존중하기

- 아동들이 발표하는 것을 칠판에 모두 기록한다.
- 다수결로 정한다.
  - ☞ 아동들이 발표할 때마다 토큰을 주는 것을 잊지 않도록 한다.

사람이 많이 모였을 때에는 규칙이 있어야 합니다.

우리 '따친모'들만의 규칙 총 5개를 정하려고 합니다. 3개는 선생님들이 의논해서 미리 정해놓았습니다.

나머지 2개는 우리가 지켜야 하는 규칙이므로 함께 의논하여 정하면 좋겠습니다.

　첫째, 다른 사람 말에 경청하기(다른 사람이 말할 때 떠들지 않는다.)

　둘째, 손들고 말하기(하고 싶은 말이 있거나 질문에 답을 할 때 손을 들어 표시한다.)

　셋째, 존중하기(친구들 이야기 비웃지 않기, 욕하거나 나쁜 말 하지 않기)

자, 여러분은 이것 이외에 어떤 규칙이 있었으면 좋겠다고 생각하나요?

(아동들의 의견을 듣는다.)

이 정도면 충분한가요? 이 의견들 중에서 어떤 것을 우리들의 규칙으로 결정할지 다수결을 통해 정합시다.

따친모 Episode

아동들이 제시한 다양한 규칙

- ♠ 의자에서 엉덩이 떼지 않기
- ♠ 화장실에 갈 때는 두 명씩만 가기
- ♠ 소리 지르지 않기
- ♠ 입장 바꿔 생각하기
- ♠ 쓸데없는 말 하지 않기
- ♠ 때리지 않기
- ♠ 손들면서 "저요, 저요" 하지 않기

2) 친구 소개하기

- 서로 소개하는 시간을 갖는다.
- 둘씩 짝을 짓는다.
- '친구를 소개합니다'(활동지 1) 용지를 나눠준다.
- 짝이 된 친구에게 '친구를 소개합니다'(활동지 1)의 내용에 따라 질문을 한다.
- 서로의 질문이 끝나고 나면 자신이 인터뷰한 친구에 대해 리포터가 되어 소개한다.
- 친구들의 소개를 잘 기억해두고 모두의 소개가 끝나면 친구들에 대한 퀴즈게임이 있을 것임을

알린다.

☞ 경청을 잘 하고 있는 아동에게는 토큰을 준다.

자, 이제 선생님이 종이를 한 장씩 나눠 줄 것입니다.

이 종이에 적혀있는 것을 짝이 된 친구에게 물어 빈 칸을 완성해보세요.

그리고 서로 질문이 모두 끝나면 한 팀씩 일어나 우리 모두에게

서로의 짝꿍에 대해 소개해주세요

자, 어떤 팀이 먼저 해볼까요?

그래요, 맨 앞에 앉아 있는 우리 두 친구가 먼저 해 볼게요.

규칙 중 제1규칙이 무엇이었죠? 네, 경청하기입니다. 친구들의 이야기를 잘 경청하고 있는 친구들이 되어 주세요(필요하다면 경청을 잘 하고 있는 아동에게 토큰을 주어 다른 아동들의 집중을 유도한다).

"안녕하세요, 저는 강성민입니다. 내 친구 이연지를 소개합니다.

내 친구는 사랑 초등학교에 다니는 6학년 이연지입니다.

연지가 제일 좋아하는 음식은 초밥입니다.

제일 먹기 싫은 음식은 김밥이라고 합니다. 그 이유는 야채, 특히 오이 때문이라고 합니다.

가장 좋아하는 프로그램은 런닝맨이라고 합니다. 왜냐하면 하하를 좋아하기 때문이라고 합니다.

가장 좋아하는 만화나 게임 캐릭터는 겨울왕국의 올라프라고 합니다.

그리고 연지는 친절하게 말하는 친구를 좋아한대요.

근데 욕을 하는 친구를 싫어한다고 합니다.

나는 나를 놀리는 친구를 싫어합니다.

앞으로 나는 연지와 따친모에서 사이좋게 지낼 것입니다."

와, 멋지게 발표를 잘 한 성민이와 연지팀에게 박수 주세요.

그리고 너무너무 경청을 잘 하고 있었던 주리한테 선생님이 토큰을 줄게요.

친구들의 이야기를 잘 듣고 있죠.

이따 활동시간에 이것으로 퀴즈를 낼 것인데 잘 맞출 때마다 토큰을 줄 겁니다.

잘 듣고 기억하여 퀴즈왕이 되어 보세요^^

3) 누구일까요?

- 활동지를 수거한다.
- 활동지에 적혀 있는 내용에 대해 질문을 하고 맞춘 아동에게는 토큰을 준다.

- 예를 들어, "하하를 좋아하여 런닝맨을 좋아한다고 한 친구는 누구일까요?" 식으로 질문을 하여 아동들이 서로에 대한 정보를 기억할 수 있게 한다.

III. 정리

1. 돌아보기

1) 발표하기

- 새롭게 배운 점, 도움이 된 점, 자신 또는 다른 친구들을 칭찬할 점 등을 발표한다.

2) 일지쓰기

- 일지를 나눠주고 기록하도록 한다.
  - ☞ '발표하기' 또는 '일지쓰기' 중 한 활동을 하며 오늘의 활동을 정리한다.

2. 과제 나누기

- 오늘 짝을 이룬 친구의 전화번호를 물어 적거나 핸드폰에 입력하도록 한다.
- 짝인 친구와 주중에 1회 이상 전화통화를 하여 안부를 묻고 확인한다.

3. 자유시간

1) 간식을 나눠준다.

2) 약 10여 분간의 자유 시간을 제공한다. 단, 교실 밖으로는 나가지 않도록 한다.

따친모 2. 관심사 알아보기

목 표 · 대화로써 서로의 관심사를 알아보며 공통의 관심사를 찾고 친밀감을 형성한다.

준비물 이름표, 활동지, 파워카드, 회기 참여일지

단 계	활동 내용
도 입	🐨 인사하기 및 출석 확인 🐨 규칙 점검하기 🐨 과제 점검하기 　– 짝과 나눈 대화에 대해 발표하기 🐨 주제 소개 및 주제 정의하기 　– 오늘의 주제 '관심사 알아보기'를 알린다. 　– '친구'에 대한 우리들만의 정의 만들기 🐨 주제 도입하기 　– 진행교사는 '우리들의 정의'와 연관하여 이야기를 이끌어 간다. 　　Q. 친구가 되기(친구 사귀기) 위해서는 어떻게 해야 할까요?
전 개	🐨 주제 설명하기 　– 아동들이 정의한 '친구'의 개념과 '관심사 알아보기'라는 주제를 연결하여 다음의 대화규칙을 설명한다. 　♠ 대화를 통해 서로의 관심사 알아보기 　1. 친구에게 궁금한 것에 관해 물어본다. 　2. 친구에게 물었던 질문에 대해 스스로도 답한다. 　3. 서로의 관심사 및 공통의 관심사를 찾는다. 　4. 대화를 나눈다. 　주의사항! 지나치게 나의 관심사에 대해서만 이야기하지 않는다.

전 개	🐨 **시범 보이기** – 진행교사는 보조교사와 함께 '관심사 알아보기'에 대한 시범을 보인다. – 바른 예와 바르지 않은 예를 보여준다. – 바르지 않은 예에서는 무엇이 잘못되었는지를 확인한다. 🐨 **역할놀이** – 진행교사와 보조교사가 시범으로 보여 준 것을 둘씩 짝을 이뤄 연습한다. – 아동들의 역할수행에 대해 구체적으로 피드백을 준다. 🐨 **파워카드** – 오늘의 주제에 대해 요약한 파워카드를 준다. – 모두 큰 소리로 파워카드를 읽는다.
정 리	🐨 **돌아보기** – 이번 시간에 새롭게 배운 점, 도움이 된 점, 칭찬할 점 등을 발표하기 또는 일지에 기록하며 점검한다. 🐨 **과제 나누기** – 이번 시간에 배운 것을 가정에서 부모나 형제와 연습한다. – 집단 구성원 중 1인에게 전화하여 서로의 관심사를 알아본다. – 주중에 서로 연락할 짝의 전화번호를 확인하고 통화할 시간을 정한다. 🐨 **간식 및 자유놀이** – 간식을 먹으며 자유놀이하기

활동 지도안 2

Ⅰ. 도입

1. 인사하기 및 출석 확인

1) 이름표를 나눠주며 반갑게 인사한다.

2) 칠판에 구성원들의 이름을 적으며 출석을 확인한다.

- 출석을 부른 후 출석에 대한 토큰을 준다.

2. 규칙 점검하기

1) 규칙을 확인하며 하나씩 칠판에 적고 큰소리로 함께 읽는다.

① 경청하기

② 손들고 말하기

③ 존중하기

④ 신체접촉 조심하기(때리지 않기)

⑤ 위의 규칙을 모두 잘 지키기

- 회기가 지나 아동들이 규칙을 기억하게 되면 한명씩 발표하여 말하도록 함으로 토큰을 모을 수 있는 기회로 활용한다.
- ①~③은 교사가 정해준 규칙이며 ④와 ⑤는 집단마다 다를 수 있다.

3. 과제 점검하기

1) 전화통화하기

- 짝으로 정해준 아동들과 통화를 했는지 손을 들어 확인한다.
- 어떤 내용의 통화를 했는지 기분은 어땠는지 각각 발표한다.
  - ☞ 처음 시도한 전화통화이므로 낯설고 어색하여 어려움이 많거나 1분 내외로 아주 짧게 통화하는 경우가 대다수일 수 있다. 아동들이 발표하는 것만 듣도록 하며 어떠한 조언이나 평가도 하지 않는다.
- 과제를 수행한 것에 대해 칭찬하고 토큰을 제공한다.

4. 주제 소개 및 주제 정의하기

1) 주제 정의하기

(1) 어떤 사람을 "친구"라고 할 수 있는지 "친구"는 무엇인지 각자의 의견을 발표한다.

(2) 보조교사는 아동들이 발표하는 모든 내용을 칠판에 적는다.

(3) 전체 아동들의 의견을 수렴하여 주제와 연관성을 확인하고 줄여 나간다.

  ☞ 아동들이 발표한 의견과 주제와의 연관성을 다수결 또는 O, X 등 다양한 방법으로 정한다.

(4) 정의를 내리는 활동은 처음 하는 것이므로 교사가 주도하여 정리한다.

(5) 정리된 정의는 칠판 한 편에 적어 놓는다.

우리는 어떤 사람을 '친구'라고 할 수 있을까요?

여러분들이 생각하는 '친구'란 어떤 사람일까요? 발표해봅시다.

나랑 잘 놀아주는 사람	의리있는 사람
절대 배신하지 않는 사람	우정이 있는 사람
사이좋게 지내는 사람	내 일부와 같은 사람
내 심부름을 잘 하는 사람	슬플 때 위로하는 사람
나를 위로해주는 사람	내 음식을 나눠먹는 사람
성민(구체적인 친구이름)이 같은 사람	나 대신 싸워주는 사람

자, 마지막으로 이것만은 꼭 말해야겠다는 것이 있나요?

이거 말 안하면 정말 속상할 것 같은 의견이 있는 사람이 있으면 마지막으로 발표하고 정리합시다.

그럼 나올 수 있는 의견은 다 나왔다고 생각하고 의견들을 하나씩 보면서 '친구'의 정의에 들어갈 수 있는 내용인지 아닌지를 다수결로 결정하도록 해요.

우리가 총 6명이니까 3표 이상이 나오는 것을 모아 우리의 정의를 내리기로 해요.

'나랑 잘 놀아주는 사람'은 어떤가요? 하나 둘 셋 하면 손을 올려주세요.

(이와 같은 방식으로 의견을 좁혀 나간다. 최종 남은 의견을 모아 하나의 문장으로 만들어 '친구'에 대한 정의를 내린다.)

나랑 잘 놀아주는 사람	의리있는 사람
절대 배신하지 않는 사람	우정이 있는 사람
사이좋게 지내는 사람	내 일부와 같은 사람
내 심부름을 잘 하는 사람	슬플 때 위로하는 사람
나를 위로해주는 사람	내 음식을 나눠먹는 사람
성민(구체적인 친구이름)이 같은 사람	나 대신 싸워주는 사람

'친구란 나랑 사이좋게 잘 지내고 놀아주며 절대 배신하지 않고 슬플 때 나를 위로하며 우정과 의리가 있는 내 일부와 같은 성민이 같은 사람'으로 정의를 하면 되겠군요?

다 같이 우리들만의 정의를 큰 소리로 읽어 볼까요?

자, 우리들만의 친구에 대한 정의 마음에 드나요?

따친모 TIP!!

- 다소 장난스러운 의견이 나오더라도 아동들이 다수결로 '우리들의 정의' 안에 포함하고자 한다면 그대로 아동들의 의견을 수용합니다. 교과서와 같은 답이나 획일화된 틀, 사고에서 벗어난 의견이 정의 안에 포함되는 것이 AS 아동들에게는 돌발 상황이 될 수 있으며 뜻밖의 즐거움을 줄 수 있습니다. 뿐만 아니라 AS 또는 ADHD 아동들에게는 엉뚱하지만 자신의 의견이 반영되는 경험이 아동들의 자존감에 긍정적인 영향을 줄 수 있습니다. 아동들은 회기를 지나면서 스스로를 더 통제하며 '우리들만의 정의'에 대한 책임의식을 갖게 되어 장난스러운 이야기를 스스로 절제해 나갑니다. 아동들이 스스로 성장해나갈 수 있는 기회도 더불어 제공해주세요.

2) 오늘의 주제 소개하기

(1) 오늘의 주제는 '관심사 알아보기'임을 알린다.

(2) '우리들의 정의'를 바탕으로 하여 다음과 같은 질문을 하며 오늘의 주제와 연결한다.

　Q. 우선 우리가 정의한 것과 같은 친구가 되기(친구 사귀기) 위해서는 어떻게 해야 할까요?

　: 아동들의 답을 듣는다. (예: 친구가 될 수 있는지 알아봐야 한다, 대화를 통해 서로의 관심사 및 특성을 알아봐야 한다 등)

　Q. 친구가 되기 위해서는 공통된 관심사가 있는 것이 중요한데 우선 서로의 관심사(좋아하는 것, 싫어하는 것)가 어떤 것인지 알아야 해요. 그러기 위해서는 어떤 방법이 있을까요?

　: '대화를 해야 한다'는 의미의 답을 유도한다.

　Q. 좋아하는 것을 알아보는 것도 중요하지만 싫어하는 것도 알아야 합니다. 왜일까요?

　: 싫어하는 것을 알고 있어야 친구한테 조심할 수 있다는 점을 설명한다.

Ⅱ. 전개

1. 주제 설명하기

1) '관심사 알아보기' 위한 대화 나누기 방법

(1) 첫째, 상대방에 대해 궁금한 점을 물어본다. (예: 그의 흥미, 취미, 주말 활동)

- 예를 들면, 너는 좋아하는 TV 프로그램이 뭐야?

  너는 무슨 게임 좋아해?

  일요일에 뭐했니? 등

(2) 둘째, 여러분의 질문에 상대방이 대답을 했다면, 이번에는 그 질문에 스스로도 답한다.

- 예를 들면, 나는 런닝맨 완전 좋아해.

  나는 만수르 게임 좋아하는데, 해본적 있어?

  일요일에 나는 엄마랑 롯데월드 갔다왔어.

- 주고받는 대화를 하기 위해서는 일방적으로 한 사람만 이야기하는 것이 아니라 묻기도 하고 답을 하기도 해야 한다.

(3) 셋째, 질문을 주고받으며 서로의 관심사를 알아간다.

- '관심사 알아보기'활동을 하며 가장 중요한 목적은 공통의 관심사를 찾는 것이다.

- 서로의 관심사에 대해 알아보는 과정에서 공통점을 찾을 수 있다.

- 다른 사람이 싫어하는 것이 무엇인가에 주의를 기울일 필요가 있다. 그 사람이 싫어하는 것은 하지 않도록 조심해야 한다. 왜냐면 싫어하는 행동을 하는 사람을 그 누구도 좋아하지 않기 때문이다.

- 친구를 사귀고 싶고 사람들이 자신을 좋아하기를 원한다면 상대방이 싫어하는 일은 하지 않아야 한다.

- 공통점이나 공통의 관심사는 우정의 기초가 되기 때문에 중요하다.

(4) 넷째, 주고받는 대화를 나눈다.

- 때때로 다른 사람이 먼저 대화를 할 수 있게끔 잠깐 침묵하는 것도 중요하다.

(5) 다섯째, 지나치게 나의 관심사에 대해서만 이야기하지 않는다.

- 한 사람만 계속 이야기하면 상대방을 불편하게 할 수 있으며, 더 이상 대화가 유지될 수 없다.

(6) 여섯째, 상대방이 대화에 확실히 흥미가 있는지 확인한다.

- 여러분의 질문에 대답을 하는가?

- 여러분에게 질문을 하는가?
- 눈을 마주치고 있는가?
- 얼굴을 찡그리거나 다른 곳을 보고 있는가?
- 만일 여러분의 이야기를 듣고 싶어하지 않는 것처럼 보인다면 더 이상 질문하지 말고 가볍게 "안녕" 또는 "나 간다"라고 인사하고 그 자리를 떠나는 것이 좋다.

2. 시범보이기

진행교사는 보조교사와 함께 '관심사 알아보기'를 위한 모델링을 보인다.

이제 선생님들이 '관심사 알아보기'의 연극을 보여줄 겁니다. 잘 본 후에 질문에 답해주세요.

> **바르지않은예**
>
> 진행교사(보조교사를 쳐다보며 눈 마주침을 하면서) : 안녕, 잘 지냈어?
> 보조교사: 응.
> 진행교사: 일요일에 뭐했어?
> 보조교사: ……..
> 진행교사: 나는 집에서 책 읽었는데 먼나라 이웃나라 읽었어. 먼나라 이웃나라는 세계 각 나라의 문화와 역사에 대한 책인데 나는 이 책 중에서 일본이 제일 재미있어.
> 보조교사: (무표정하게 다른 곳을 보고 있음)
> 진행교사: 나 일본 가봤었는데 비행기 타고 갔다왔어….
> 보조교사: ………

어떤가요? 서로의 관심사를 잘 찾아가고 있나요?

무엇을 잘 하지 못했나요?

(답은 질문을 주고받지 않았으며 친구가 이야기를 듣고 있는지 확인하지 않았다 등이다. 아동들에게 답이 나오지 않으면 교사가 설명한다.)

한번 더 다른 것을 해볼 테니 이번에도 잘 보고 질문에 답해주세요.

진행교사 (보조교사를 쳐다보며 눈 마주침을 하면서) : 안녕, 잘 지냈어?

보조교사 : 응. 잘 지냈어.

진행교사 : 나도 잘 지냈는데. 일요일에 뭐했어?

보조교사 : 엄마랑 동생이랑 서점 갔었어.

진행교사 : 와~나는 집에 있었는데.. 무슨 책 좋아해?

보조교사 : 나는 메이플 스토리.

진행교사 : 나는 먼나라 이웃나라 좋아하는데.. 메이플 스토리도 좋아해. 몇 권까지 읽었어?

보조교사 : 나는 56권. 너는?

진행교사 : 나도 56권.

여기까지입니다. 이 대화에서 뭘 잘했는지 말해 볼 사람?

(질문했던 질문에 관해 대답함, 서로의 관심사를 찾았음, 내 관심사에 대해서만 이야기를 하지 않고 대화를 함께 나눴음 등. 아동들에게 적절한 답이 나오지 않으면 교사가 설명한다.)

3. 역할 놀이

- 모델링으로 보여줬던 대로 아동들이 짝을 이뤄 해볼 수 있도록 한다.
- 동시에 모두 둘씩 짝을 이뤄 해볼 수 있다.
- 또는 앞으로 나와 한 팀씩 할 수 있다.
- 아동들이 보인 역할극에 대해 오늘 배운 내용을 기초로 하여 피드백을 해준다.
- 잘한 점이나 그렇지 못한 점 등을 이야기하며 수정해 갈 수 있게 한다.

4. 파워카드

- 카드의 캐릭터는 집단 구성원 중 한 명이 좋아하는 캐릭터로 만든다.
- 카드를 나눠주고 누가 좋아했던 캐릭터였는지 확인하며 서로의 관심사를 한 번 더 점검한다.
- 큰소리로 카드를 읽고 마무리한다.

> **대화하기 기술의 기본 규칙 – 관심사 알아보기**
> 1. 친구에게 궁금한 것에 관해 물어본다.
> 2. 친구에게 물었던 질문에 대해 스스로도 답한다.
> 3. 서로의 관심사 및 공통점을 찾는다.
> 4. 주고받는 대화를 나눈다.
> ※ 주의사항! 나의 관심사에 대해서만 말하지 않는다.

☞ 파워카드를 나눠줄 때에도 지루하지 않게 주며 아동들의 호기심을 자극해도 좋다. 카드를 아주 짧은 시간 보여주고 누가 좋아하는 캐릭터였었는지 퀴즈를 내어 1회기 때 아동들이 서로에 대해 소개한 것을 기억하는지 확인해본다. 서로에게 관심을 잘 기울이지 않는 참여아동들의 특성을 고려하여 수시로 서로에게 관심을 가질 수 있도록 활동을 진행할 필요가 있다.

Ⅲ. 정리

1. 돌아보기

1) 발표하기
새롭게 배운 점, 도움이 된 점, 자신 또는 다른 친구들을 칭찬할 점 등을 발표한다.

2) 일지쓰기
일지를 나눠주고 기록하도록 한다.

☞ '발표하기' 또는 '일지쓰기' 중 한 활동을 하여 정리한다.

2. 과제 나누기

1) 새로운 짝을 정해 전화통화를 하여 관심사 및 공통점을 찾는다.

2) 부모님과 서로의 관심사 및 공통점을 찾는다.

3. 자유시간

1) 간식을 나눠준다.

2) 약 10여 분간의 자유 시간을 제공한다. 단, 교실 밖으로는 나가지 않도록 한다.

따친모 3. 주고 받는 대화하기 : 바른 대화 십계명

목 표　· 주고 받기식의 대화규칙을 배우고 바른 대화를 통해 친구를 사귈 수 있다.

준비물　이름표, 회기 참여일지, 파워카드

단 계	활동 내용
도 입	🐨 인사하기 및 출석 확인 🐨 규칙 점검하기 🐨 과제 점검하기 　– 지난 시간에 배운 내용을 확인한다. (파워카드 활용 가능) 　– 과제 발표: 통화한 친구의 관심사 및 공통점, 가족의 관심사 및 공통점 🐨 주제 소개 및 주제 정의하기 　– 오늘의 주제 '주고받는 대화'를 소개한다. 　– '대화'에 대한 우리들만의 정의를 내린다. 🐨 주제 도입하기 　– 진행교사는 아동들이 내린 정의와 주제를 연관하여 이야기를 이끌어간다. 　Q. 그렇다면 '주고받는 대화'를 하기 위해서는 어떻게 해야 할까요? 　Q. 나만 계속 이야기한다면 상대방은 어떨까요? 　Q. 친구만 계속 이야기하게 하고 나는 가만히 있으면 상대방은 어떨까요?
전 개	🐨 주제 설명하기 　– 아동들이 정의한 '주고받는 대화'와 지난 시간에 배운 '관심사 찾기'를 연결하여 설명한다. 　1. 주고받는 대화에 대해 설명한다. ① 상대방 상태 살피기　　⑥ 놀리거나 비평하지 않기 ② 꼬리물어 질문하기　　⑦ 목소리 크기를 잘 조절하기 ③ 대화를 독차지하지 않기　⑧ 적절한 신체적 거리 유지하기 ④ 친구의 말에 경청하기　　⑨ 눈을 맞추기 ⑤ 반복하지 않기　　　　⑩ 진지하게 하기

　　2. 경청에 대해 설명한다.
　　　– 말하고 있는 사람에게 얼굴을 마주하고 쳐다본다.
　　　– 상대방의 이야기가 끝날 때까지 조용히 듣는다.
　　　– 들은 내용에 대해 이해가 되면 고개를 끄덕인다.
　　　– 이해가 안 되면 다시 묻는다.

전 개

🐨 **시범 보이기**
　　– 진행교사는 보조교사와 함께 '주고받는 대화하기'에 대한 시범을 보인다.
　　– 바른 예와 바르지 않은 예를 보여준다.
　　– 바르지 않은 예에서는 무엇이 잘못되었는지를 확인한다.

🐨 **역할놀이**
　　– 진행교사와 보조교사가 시범으로 보여 준 것을 둘씩 짝을 이뤄 연습한다.
　　– 아동들의 역할수행에 대해 구체적으로 피드백을 준다.

🐨 **파워카드**
　　– 오늘의 주제에 대해 요약한 파워카드를 준다.
　　– 모두 큰 소리로 파워카드를 읽는다.

정 리

🐨 **돌아보기**
　　– 이번 시간에 새롭게 배운 점, 도움이 된 점, 칭찬할 점 등을 발표하기 또는 일지
　　　에 기록하며 점검한다.

🐨 **과제 나누기**
　　– 이번 시간에 배운 것을 다음 시간 전까지 부모님과 연습한다.
　　– 집단 구성원 중 1인에게 전화하여 공통의 관심사, 공통점을 찾는다.
　　– 주중에 서로 연락할 짝의 전화번호를 확인하고 통화할 시간을 정한다.
　　– 다른 아동들에게 소개해주고 싶은 자신의 물건을 가져온다.

🐨 **간식 및 자유놀이**
　　– 간식을 먹으며 자유놀이하기

활동 지도안 3

Ⅰ. 도입

1. 인사하기 및 출석 확인

1) 이름표를 나눠주며 반갑게 인사한다.

2) 칠판에 구성원들의 이름을 적으며 출석을 확인한다.

- 출석을 부른 후 출석에 대한 토큰을 준다.

2. 규칙 점검하기

1) 규칙을 확인하며 하나씩 칠판에 적고 큰소리로 함께 읽는다.

　① 경청하기

　② 손들고 말하기

　③ 존중하기

　④ 신체접촉 조심하기(때리지 않기)

　⑤ 위의 규칙을 모두 잘 지키기

- 회기가 지나 아동들이 규칙을 기억하게 되면 한명씩 발표하여 말하도록 하여 토큰을 모을 수 있는 기회로 활용한다.
- ①~③은 교사가 정해준 규칙이며 ④와 ⑤는 집단마다 다를 수 있다.

3. 과제 점검하기

1) **전화통화하기**

- 짝으로 정해준 아동들과 통화를 했는지 손을 들어 확인한다.
- 통화를 통해 알아본 친구의 관심사와 자신과의 공통 관심사에 대해 발표한다.
- 과제를 수행한 것에 대해 칭찬하고 토큰을 제공한다.

2) **가족의 관심사와 공통점**

- 아빠나 엄마, 가족들의 관심사와 공통 관심사를 발표한다.
- 과제를 수행한 것에 대해 칭찬하고 토큰을 제공한다.

☞ 전화통화하면서의 느낌 또는 가족과 과제를 하면서의 느낌에 대해 발표해도 좋다.

4. 주제 소개 및 주제 정의하기

1) 오늘의 주제 '바른 대화 방법'을 소개한다.

2) 주제 정의하기

⑴ "대화"란 무엇인지 각자의 의견을 발표한다.

⑵ 보조교사는 아동들이 발표하는 내용을 모두 칠판에 적는다.

⑶ 전체 아동들의 의견을 수렴하여 주제와 연관성을 확인하고 줄여 나간다.

☞ 아동들이 발표한 의견과 주제와의 연관성을 다수결 또는 O, X 등 다양한 방법으로 정한다.

⑷ '정의하기'는 아동들에게는 익숙하지 않은 활동이므로 교사가 주도하여 정리한다.

⑸ 정리된 정의는 칠판 한 편에 적어 놓는다.

우리가 오늘 배우게 될 주제는 '바른 대화 방법'입니다.

여러분들이 생각하는 '대화'란 무엇인가요? 자유롭게 자신의 생각을 발표해봅시다.

이야기하는 것 서로 하는 것 대나무가 화내는 것 내 고민을 이야기하는 것 우정을 쌓는 방법	공통점도 찾고 새로운 것을 찾기 위해 말하는 것 엉뚱한 말을 하지 않고 이야기하는 것 고민이나 걱정 같은 것을 말하는 것 나만 하지 않고 친구도 서로 하는 것 등

자 마지막으로 이것만은 꼭 말해야겠다는 것이 있나요?

그럼 하나의 의견씩 다수결로 결정하도록 해요. 우리가 총 6명이니까 3표 이상이 나오는 것으로 우리의 정의를 내리기로 해요.

'이야기하는 것'은 어떤가요? 대화의 정의에 들어가도 좋을까요? 하나 둘 셋 하면 손을 올려주세요.

(이와 같은 방식으로 의견을 좁혀 나간다. 최종 남은 의견을 모아 의미가 비슷한 것은 합쳐 하나의 문장으로 만들어 '대화'에 대한 정의를 내린다.

이야기하는 것 서로 하는 것 대나무가 화내는 것 내 고민을 이야기하는 것 우정을 쌓는 방법	공통점도 찾고 새로운 것을 찾기 위해 말하는 것 엉뚱한 말을 하지 않고 이야기하는 것 고민이나 걱정 같은 것을 말하는 것 나만 하지 않고 친구도 서로 하는 것 등

최종 남은 의견들을 보면서 비슷한 의미가 있는 것끼리 묶고 아쉽지만 다수결에서 표를 많이 얻지 못한 의견은 제외하여 우리만의 정의를 만들어볼까요?

'대화란 서로 이야기하면서 같이 공통점도 찾고 새로운 것을 찾고 고민도 나누고 엉뚱한 말을 하지 않으며 우정을 쌓아가는 것'으로 정의를 하면 되겠군요?

다같이 우리들만의 정의를 큰 소리로 읽어 볼까요?

따친모 Episode
대화란, 공통점을 찾고, 인간사나 세상일에 대해 모든 것을 이끌어 나가고 더불어 살 수 있는 능력을 기를 수 있는 원동력

5. 주제 도입하기

- '우리들의 정의'를 바탕으로 하여 다음과 같은 질문을 통해 주제로 연결한다.

   Q. 이렇게 멋진 대화를 하기 위해서는 어떻게 해야 할까요?

   Q. 나만 계속 이야기한다면 상대방은 어떨까요?

   Q. 친구만 계속 이야기하게 하고 나는 가만히 있으면 상대방은 어떨까요?

- 대화를 잘 하고 오랫동안 유지할 수 있는 방법에 대해 알아보게 될 것임을 소개한다.

Ⅱ. 전개

1. 주제 설명하기

- 서로의 관심사나 친구와의 공통점을 알아가기(지난 회기의 내용 복습)위해서는 대화를 해야 한다.
- 대화는 "서로"하는 것이다. (우리들만의 정의에 '서로' 또는 '주고받는' 등의 의미가 포함되어 있다면 연결하여 설명한다.)
- 한 사람만 일방적으로 하는 것이 아니라 서로의 관심사나 공통점에 대한 이야기를 주고받으며 말하는 것이 대화이다.
- 사람들과 특히, 친구들과 대화를 잘 하기 위한 '대화 십계명'에 대해 알아 볼 것이다.

2. 바른 대화 십계명

- 십계명은 시범보이기와 함께 설명하여 아동들의 이해를 돕는다.

1) 상대방 상태 살피기

- 상대방의 상태를 살핀 후 괜찮다면 대화를 시작해야 한다.

    Q. 상대가 바쁘게 움직이거나 힘들어한다면?

    Q. 상대가 이야기하는데 찡그리고 있다면?

- 이때는 대화하기에 적절한 때가 아니다.

2) 꼬리 물어 질문하기

- 주고받는 대화를 하기 위한 다른 규칙은 꼬리 물어 질문을 하는 것이다.

- 꼬리 물어 질문하기는 대화가 유지되도록 하기 위해 특정한 주제에 대해 질문하는 것이다.

- 예를 들어, 만약에 누군가에게 어떤 운동을 좋아하는지 질문하였고 그 사람이 야구를 좋아한다고 말하였다면, "좋아하는 야구팀이 있니?" 혹은 "좋아하는 야구 선수는 누구니?"라고 한 주제에 대해 이어서 질문한다.

    ① 너는 어떤 TV 프로그램을 좋아하니?

    ② 너는 어떤 음식을 좋아하니?

    ③ 너는 어떤 게임을 좋아하니?

    ④ 너는 어떤 책을 좋아하니?

    ⑤ 너는 무슨 학원 다녀?

3) 대화를 독차지하지 않기

- 대화를 할 때 혼자서만 일방적으로 말하지 않아야 한다.

- 상대방의 말을 중간에 끊지 않고 상대방이 이야기할 수 있게 해야 한다.

- 상대방의 이야기를 잘 듣고 그 주제에 맞게 꼬리무는 질문을 한다.

- 보조교사와 함께 대화를 독차지하는 역할극을 보여준다.

잘 보고 선생님이 무엇을 잘못하고 있는지 이야기해주세요.

진행교사: 안녕.

보조교사: 어, 안녕.

진행교사: 일요일에 뭐했어? 나는 부모님이랑 롯데월드에 가서 신나게 놀았는데.

보조교사: 와! 롯데월드 갔었구나~! 제 2롯데월드도 갔었어?

진행교사: (끼어들며) 완전 좋았어. 그리고 내가 제일 좋아하는 음식점에 밥을 먹으러 갔는데, 나 혼자 피자 한 판을 다 먹었어. 그리고 저녁에는 사촌 동생이랑 같이 오락실에 가서 하루 종일 게임도 했어.

보조교사: 아, 너 게임 좋아...

진행교사: (끼어들며)그래 맞아. 그리고 우리는 집에 와서 영화를 보느라고 정말 늦게까지 잠을 자지 않아서 완전 너무 피곤해. 난 수업시간에 졸지도 몰라.

보조교사: (다른 쪽을 쳐다보며 지루해 보인다.)

진행교사: 그리고 내일 학원에서 쪽지 시험이 있는데 아직 공부 시작도 못했어.

보조교사: (주변을 둘러본다. 지루해 보인다.)

자, 여기까지입니다. 이 대화에서 누가 무엇을 잘못했지요?

4) 친구의 말에 경청하기

- 꼬리무는 질문을 하기 위해서 무엇보다도 중요한 것은 경청하기이다.
- 질문을 하였다면, 상대방에게 질문에 대한 대답을 들어야 한다.
- 똑같은 질문을 반복하지 않아야 한다.
- 경청한다는 것은 여러분이 친구에게 관심이 있다는 것을 나타내는 것이다.

5) 같은 말 반복하지 않기

- 같은 것에 대해 반복해서 말하지 않아야 한다.
- 특히 나만의 관심사에 대해 반복하지 않아야 한다.
- 몇 가지 다른 주제에 대해 이야기 할 수 있게 노력해야 한다.

6) 놀리거나 비평하지 않기

- 다른 사람이 말한 것을 놀리거나 웃음거리로 만들지 않아야 한다.
- 다른 사람이 하는 말을 놀리거나 비판하면 그 사람의 기분을 상하게 만들 수 있다.
- 늘 입장 바꿔 생각하도록 노력해야 한다.

주고받는 대화를 하기 위한 다음 규칙은 이야기하는 사람을 놀리거나 비판하지 않는 것입니다.

다른 사람을 비판하거나 놀리는 것은 무엇이 문제인가요?

(대답: 상대방의 기분을 상하게 한다.)

만약 여러분이 친구들을 비판한다면 그들이 여러분의 친구가 되고 싶을까요?

(대답: 아니요. 좋게 보지 않을 것이다.)

만약 여러분이 다른 사람을 놀리거나 웃음거리로 만든다면 그들이 여러분의 친구가 되고 싶어 할까요? 따뜻한 친구가 맞나요?

(대답: 아니요.)

7) 목소리 크기 조절하기

- 너무 조용하거나 너무 크게 말하지 않아야 한다.
- 장소에 따라, 상황에 따라 목소리 크기의 조절이 필요하다.

잘 보고 무엇이 잘못되었는지 이야기해 주세요.

> **바르지않은예**
>
> 진행교사: (속삭이며) 안녕, 잘 지냈니?"
> 보조교사: (들으려고 애쓰며) 뭐라고?
> 진행교사: (속삭이며) 잘 지냈냐고..
> 보조교사: (얼굴을 찡그리며) 어, 잘 지내. 너는?
> 진행교사: (속삭이며) 그 동안 뭐하고 지냈어?
> 보조교사: (들으려고 애쓰며) 뭐라고?
> 진행교사: (속삭이며) 그 동안 뭐하고 지냈냐고..
> 보조교사: (얼굴을 찡그리며 귀찮다는 듯이) 아, 그냥...

자, 이 대화에서 누가 무엇을 잘못했지요?

(대답: 진행교사가 너무 작게 말을 하였다.)

- 다른 사람이 여러분의 말을 잘 들을 수 없으므로 너무 조용하게 말하지 않아야한다.
- 조용히 말해야 하는 곳에서 크게 말하고 크게 말해야 하는 곳에서 작게 말해서 여러분과 말하는 것이 불편하다고 생각이 된다면, 사람들은 앞으로 여러분과 말하는 것을 피할 것이다.

잘 보고 무엇을 잘못하고 있는지 이야기 해주세요.

진행교사: (매우 크게 말하며) 안녕. 잘 지냈니?

보조교사: (깜짝 놀라서 뒤로 물러나며) 어. 잘 지내고 있어.

진행교사: (매우 크게 말하며) 너 어제 뭐했어?

보조교사: (짜증이 난 듯 멀리 떨어지며) 몰라.

진행교사: (매우 크게 말하며) 뭐 했는데?

보조교사: (주변을 둘러보고 피하려고 하며) 기억 안나.

자, 이 대화에서 누가 무엇을 잘못했지요?

(대답: 진행교사가 너무 크게 말을 하였다.)

8) 적절한 신체적 거리 두기

- 다른 사람과 대화할 때는 너무 가까이 서거나 너무 멀리 서지 않는다.
- 한 팔 간격이 가장 적당한 거리이다.

잘 보고 무엇이 잘못되었는지 말해 주세요.

진행교사: (지나치게 가까이 서서) 안녕, 잘 지냈니?

보조교사: (깜짝 놀라서 뒤로 물러나며) 어. 너는?

진행교사: (앞으로 한 발 더 다가서며) 나도 잘 지냈지. 너 어제 뭐했어?

보조교사: (짜증이 난 듯 멀리 떨어지며) 그냥 집에 있었어.

진행교사: (다시 한 번 앞으로 다가가며) 나도 집에 있었는데. 오늘 우리 같이 놀래?

보조교사: (주변을 둘러보고 피하려고 하며) 내가 좀, 바빠서.

자, 이 대화에서 누가 무엇을 잘못했지요?

(대답: 교사가 너무 가까이에 서 있었다.)

- 다음을 설명한다:

    ① 다른 사람에게 너무 가까이 서는 것은 그들을 불편하게 만들 수 있다.

    ② 그들은 여러분과 다시 이야기 하고 싶어 하지 않을 수 있다.

    ③ 그들은 여러분을 피할 수도 있다.

    ④ 일반적인 규칙은 팔 길이 정도 떨어져서 서는 것이다.(하지만 직접 재지는 않는다!)

잘 보고 무엇이 잘못되었는지 말해 주세요.

<table>
<tr><td rowspan="6">바르지않은예</td><td>진행교사: (지나치게 멀리 서서) 안녕, 잘 지냈니?</td></tr>
<tr><td>보조교사: (들으려고 고개를 빼고 바라보며) 어. 너는?</td></tr>
<tr><td>진행교사: (먼 거리를 유지하며) 나도 잘 지냈지. 너 어제 뭐했어?</td></tr>
<tr><td>보조교사: (짜증이 난 듯 고개를 숙이고) 그냥 집에 있었어.</td></tr>
<tr><td>진행교사: (먼 거리에서 큰 소리로) 나도 집에 있었는데. 오늘 우리 같이 놀래?</td></tr>
<tr><td>보조교사: (주변을 둘러보고 피하려고 하며) 내가 좀, 바빠서.</td></tr>
</table>

자, 이 대화에서 누가 무엇을 잘못했지요?

(대답: 교사가 너무 멀리 서 있었다.)

- 다음을 설명한다:

    ① 너무 멀리 서 있는 것은 대화를 어색하게 하며, 공개적으로 대화하는 것처럼 느낄 수 있다.

    ② 여러분이 너무 멀리 서 있으면 상대방은 이상하게 생각할 것이다.

    ③ 학교에서 복도 반대편에서 인사를 하는 것은 괜찮다. 그러나 그 상태에서 길게 대화하지는 말아야 한다.

    ④ 대화를 할 때 가장 적정한 거리는 한 팔 길이 정도이다.

9) 눈을 맞추기

- 주고받는 대화를 유지하기 위해서는 적절한 눈맞춤을 해야 한다.
- 다른 사람에게 말을 할 때에는 상대방을 바라봐야 상대방이 자기에게 말하고 있다는 것을 알아낼 수 있으며, 여러분이 그들에게 관심을 갖고 있다는 것을 알 수 있다.

10) 진지하게 하기

- 다른 누군가를 처음으로 알아갈 때에는 진지하게 행동해야 한다.
- 누군가를 처음으로 알아가는 과정에서 장난만 치고 우습게 행동한다면 상대방은 여러분을 이상하다고 생각할 것이며 자신을 놀린다고 생각할 것이다. 그래서 더 이상 대화를 하고 싶지 않을 뿐만 아니라 친구가 되기 어려울 수 있다.

3. 역할 놀이

- 모델링으로 보여줬던 대로 아동들이 짝을 이뤄 해볼 수 있도록 한다.
- 아동들이 보인 역할극에 대해 오늘 배운 내용을 기초로 하여 피드백을 해준다.
- 잘한 점이나 그렇지 못한 점 등을 이야기하며 수정해 갈 수 있게 한다.

우리는 이제 주고받는 대화를 하기 위한 규칙들을 알고 있습니다. 잘 보고 우리가 어떤 것을 잘하고 있는지 이야기해 주세요.

진행교사: (팔 길이 정도 떨어져서 서서, 적절한 눈맞춤을 유지하며, 적절한 목소리 크기를 사용) 안녕, 잘 지냈니?

보조교사: 응. 잘 지내. 너는 어때?

진행교사: 나도 잘 지내고 있어. 넌 어제 뭐했어?

보조교사: 응. 특별한 것은 없어. 그냥 집에서 숙제하고 TV 봤어

진행교사: 그래. 뭐 봤는데?

보조교사: 런닝맨.

진행교사: 나도 봤는데. 넌 누구 좋아해?

보조교사: 난 유재석.

진행교사: 난 이광수 좋아하는데. 기린 너무 웃겨.

보조교사: 맞아, 이광수도 재미있지. 하하도 재밌는 것 같아.

진행교사: 어, 런닝맨 게임 하고 싶다.

보조교사: 런닝맨 게임이 뭐야? 어떻게 하는 거야?

자, 여기까지입니다. 이 대화는 어땠나요?
(대답: 진행교사와 보조교사 모두 주고받는 대화를 위한 모든 규칙들을 잘 따랐다.) [아동들이 역할극의 맥락 속에서 모든 규칙들을 확실히 복습하도록 한다.]

- 아동들이 옆에 앉은 사람과 주고받는 대화를 연습하도록 한다.
- 교사는 짝을 짓는 것을 배정 해주어야 하며, 만약에 짝이 적절하지 않다면 아동들의 자리를 옮겨줄 수 있다.
- 진행교사와 보조교사는 연습이 잘 이루어지도록 돕거나 촉진해 준다.
- 도와주기의 예: 대화 주제를 제시해준다. 좋아하는 책, 영화, 혹은 텔레비전 프로그램, 상대방이 무엇을 하며 주말을 보내는지 등
- 칠판에 적혀있는 대화 십계명을 확인하며 아동들의 역할놀이를 서로가 평가할 수 있도록 해도 좋다.

4. 파워카드

- 카드의 캐릭터는 집단 구성원 중 한 명이 좋아하는 캐릭터로 만든다.
- 카드를 나눠주고 누가 좋아했던 캐릭터였는지 확인하며 서로의 관심사를 한 번 더 점검한다.
- 큰소리로 카드를 읽고 마무리한다.

바른 대화 십계명	
♣ 질문하기 ♣ 스스로 같은 질문에 답하기 ♣ 공통점 찾기 ♣ 대화 나누기 	1. 상대방 상태 살피기 2. 꼬리물어 질문하기 3. 대화를 독차지하지 않기 4. 친구의 말에 경청하기 5. 같은 말 반복하지 않기 6. 놀리거나 비평하지 않기 7. 목소리 크기 잘 조절하기 8. 적절한 신체적 거리 두기 9. 눈 맞추기 10. 진지하게 하기

Ⅲ. 정리

1. 돌아보기

1) 발표하기

새롭게 배운 점, 도움이 된 점, 자신 또는 다른 친구들을 칭찬할 점 등을 발표한다.

2) 일지쓰기

일지를 나눠주고 기록하도록 한다.

☞ '발표하기' 또는 '일지쓰기' 중 한 활동을 하여 정리한다.

2. 과제

1) 새로운 짝을 정해 전화통화를 한다. '바른 대화 십계명'을 확인하며 관심사 및 공통점을 찾는다.

2) '바른 대화 십계명'을 확인하며 부모님과 서로의 관심사 및 공통점을 찾는다.

3. 자유시간

1) 간식을 나눠준다.

2) 약 10여 분간의 자유 시간을 제공한다. 단, 교실 밖으로는 나가지 않도록 한다.

따친모 4. 전화통화 예절: 여보세요?!

목 표	· 전화통화 규칙을 배우고 바르게 통화할 수 있다.
준비물	이름표, 전화기(핸드폰), 회기 참여일지

단 계	활동 내용

도 입	🐾 인사하기 및 출석 확인
	
	🐾 규칙 점검하기
	
	🐾 과제 점검하기
	  – 지난 시간에 배운 내용을 확인한다. (파워카드 활용 가능)
	  – 과제 발표: '바른 대화 십계명' 수행하며 친구와 통화하기, 가족의 관심사 및 공통점 찾기
	
	🐾 주제 소개 및 주제 정의하기
	  – 오늘의 주제 '전화통화 예절'을 소개한다.
	  – '전화통화 예절'에 대한 우리들만의 정의를 내린다.
	
	🐾 주제 도입하기
	  – 진행교사는 아동들이 내린 정의와 주제를 연관하여 이야기를 이끌어간다.
	
	   Q 그 동안 전화통화 과제를 하면서 친구들과 나눈 전화통화는 어땠는가?
	    예) 어떻게 시작했는지, 힘들지는 않았는지, 어떻게 마무리했는지 등

전 개	🐾 주제 설명하기 1. 전화 걸기 시작과 끝내는 규칙 1) 대화 시작하기 ① 인사를 하고 자신이 누구인지를 밝힌다. ② 통화하고 싶은 사람 이름을 말하고 통화가 가능한지 묻는다. ③ 자신이 누구인지 말한다. ④ 왜 전화했는지에 관해 이야기한다. 2) 대화 끝내기 ① 대화가 좀 길게 멈출 때를 기다린다. (예: 주제가 바뀌는 시점) ② 왜 전화를 끊는지에 관한 헤어짐 말을 이야기한다. ③ 헤어짐 인사를 한다. 3) 기타상황 ① 전화를 받지 않을 경우는 어떻게 하면 좋을까? ② 이오삼스 규칙!!

	🐾 **시범 보이기**
	– 진행교사는 보조교사와 함께 '전화통화하기'에 대한 시범을 보인다.
	– 바른 예와 바르지 않은 예를 보여준다.
	– 바르지 않은 예에서는 무엇이 잘못되었는지를 확인한다.
전 개	🐾 **역할놀이**
	– 진행교사와 보조교사가 시범으로 보여 준 것을 둘씩 짝을 이뤄 연습한다.
	– 아동들의 역할수행에 대해 구체적으로 피드백을 준다.
	🐾 **파워카드**
	– 오늘의 주제에 대해 요약한 파워카드를 준다.
	– 모두 큰 소리로 파워카드를 읽는다.
	🐾 **돌아보기**
	– 이번 시간에 새롭게 배운 점, 도움이 된 점, 칭찬할 점 등을 발표하기 또는 일지에 기록하며 점검한다.
정 리	🐾 **과제 나누기**
	– 이번 시간에 배운 것을 다음 시간 전까지 부모님과 연습한다.
	– 집단 구성원 중 1인에게 전화하여 공통의 관심사, 공통점을 찾는다.
	🐾 **간식 및 자유놀이**
	– 간식을 먹으며 자유놀이하기

활동 지도안 4

1. 인사하기 및 출석 확인

1) 이름표를 나눠주며 반갑게 인사한다.

2) 칠판에 구성원들의 이름을 적으며 출석을 확인한다.

- 출석을 부른 후 출석에 대한 토큰을 준다.

2. 규칙 점검하기

1) 규칙을 확인하며 하나씩 칠판에 적고 큰소리로 함께 읽는다.

① 경청하기

② 손들고 말하기

③ 존중하기

④ 신체접촉 조심하기(때리지 않기)

⑤ 위의 규칙을 모두 잘 지키기

- 회기가 지나 아동들이 규칙을 기억하게 되면 한명씩 발표하여 말하도록 하여 토큰을 모을 수 있는 기회로 활용한다.
- ①~③은 교사가 정해준 규칙이며 ④와 ⑤는 집단마다 다를 수 있다.

3. 과제 점검하기

1) 전화통화하기

- 짝으로 정해준 아동들과 통화를 했는지 손을 들어 확인한다.
- 통화를 통해 알아본 서로의 공통점과 통화에 대한 느낌에 대해 발표한다.
- 과제를 수행한 것에 대해 칭찬하고 토큰을 제공한다.

2) 가족의 관심사와 공통점

- 아빠나 엄마, 가족들의 관심사 및 공통점을 발표한다.
- 새롭게 배운 '바른 대화 십계명'을 잘 활용하며 대화했는지 확인하는 것이 중요하다.
- 과제 수행에 대해 칭찬하고 토큰을 제공한다.

4. 주제 소개 및 주제 정의하기

1) 오늘의 주제 '전화통화 예절'에 대해 소개한다.

2) 주제 정의하기

- "전화통화 예절"은 어떻게 하는 것이 좋은지 각자의 의견을 발표한다.
- 보조교사는 아동들이 발표하는 내용을 모두 칠판에 적는다.
- 전체 아동들의 의견을 수렴하여 주제와 연관성을 확인하고 줄여 나간다.
  - ☞ 주제와 연관성을 다수결 또는 O, X의 수 등 다양한 방법으로 정할 수 있다.
- 교사가 주도하여 정의를 내리거나 학생이 최종 정리된 의견을 배열하여 정의를 내릴 수 있게 기회를 준다.
- 정리된 정의는 칠판 한 편에 적어 놓는다.

자, 우리가 오늘 배우게 될 주제는 '통화 예절'입니다.

여러분들이 생각하는 전화통화 할 때의 예절이란 무엇인가요? 발표해봅시다.

막말하지 않기	'여보세요'라고 말하기
장난전화하지 않기	엉뚱한 말 하지 않기
말 끊지 않기	차례 지켜 말하기
입김불지 않기	전원 끄지 않기
벨이 울리면 전화 받기	인사하기
욕 자제하기	조용히 해도 끊지 않기
귀에 배려하기	미안하다고 말하기
	시간 생각하기

자 마지막으로 이것만은 꼭 말해야겠다는 것이 있나요?

그럼 하나의 의견씩 다수결로 결정하도록 해요. 우리가 총 6명이니까 3표 이상이 나오는 것으로 우리의 정의를 내리기로 해요.

'막말하지 않기'는 어떤가요? 전화통화 할 때의 예절이 맞나요? 하나 둘 셋 하면 손을 올려주세요.

장난전화하지 않기	'여보세요'라고 말하기
말 끊지 않기	엉뚱한 말 하지 않기
입김불지 않기	차례 지켜 말하기
함부로 전화끊지 않기	전원 끄지 않기
벨이 울리면 전화 받기	인사하기
욕 자제하기	미안하다고 말하기
귀에 배려하기	시간 고려하기
	말 속도 조절하기

자, 이렇게 남겨진 의견들을 모아 우리들만의 정의를 내려 볼 사람?

(아동들이 정의를 내릴 수 있게 유도하며 교사는 최소한의 도움만 제공한다.)

"'올바른 전화통화 예절'이란 욕을 자제하며 시간을 고려하고 함부로 전화를 끊지 말고 "여보세요"
는 기본이며 차례 지켜 말하고 말 속도 조절과 자신의 귀를 배려하는 것입니다."

와, 우리 ㅇㅇ이가 정의를 잘 정리했어요.

다 같이 우리들만의 정의를 큰 소리로 읽어 볼까요?

3) '우리들의 정의'를 바탕으로 하여 다음과 같은 질문을 통해 주제로 연결한다.

- 전화통화하기 숙제를 하는 동안 이렇게 예의를 지키며 전화통화를 했는지 자연스럽게 이야기
  나눈다.

    Q. 그 동안 전화통화 과제를 하면서 친구들과 나눈 전화통화는 어땠는가?

      예) 어떻게 시작했는지, 힘들지는 않았는지, 어떻게 마무리했는지 등

    Q. 전화를 했는데 안 받으면 어떻게 해야 하는가?

II. 전개

1. 주제 설명하기

- 예의바른 전화통화를 하기 위해서는 규칙들이 있으며 이를 잘 지켜야 한다.
- 전화통화를 바르게 하는 방법을 알아 볼 것이다.

2. 전화통화 예절

1) 전화 걸기 규칙

(1) 대화 시작하기

① 인사를 한다.

　　예) 안녕하세요/ 안녕

② 자신이 누구인지 이야기한다.

　　예) 저는 **인데요

　　　　안녕 OO야, 나는 XX야

③ 혹시 다른 사람이 전화를 받으면 통화할 사람의 이름을 말하며 바꿔 주길 부탁한다.

　　예) OO 좀 바꿔주세요

④ 전화하는 사람이 지금 통화가 가능한 상황인지 묻는다.

　　예) 지금 이야기할 수 있어?, 지금 전화 받을 수 있어?

⑤ 전화한 이유에 대해 이야기한다.

　　예) 어떻게 지내는지 궁금해서 전화했어

　　　　숙제때문에 전화했어

2) 전화 끊기 규칙

(1) 대화 끝내기

① 대화가 잠시 멈출 때를 기다린다.(할 이야기가 다 끝난 시점, 주제가 전환되는 시점)

② 더 할 말이 있는지 확인하고 없으면 "헤어짐 말"을 한다.

　　예) "지금 저녁 먹으러 가야 해", "숙제 하러 가야겠다", "엄마가 부른다" 등

③ 인사를 하고 끊는다.

　　예) "전화통화 해서 반가웠어", "준비물 알려줘서 고마워" 등 말한다.

　　　"나중에 다시 이야기하자" 또는 "다음에 보자"고 한다.

　　　"안녕" 또는 "잘 있어"라고 말한다.

3) 그 외 핸드폰, 문자, 카톡 등의 SNS 사용 규칙

- 전화를 하거나 문자 메시지, 카톡, 마플, 이메일 등의 SNS를 사용할 때에도 위에서 말한 규칙 '시작 인사/이유/헤어짐 인사' 말을 사용해야 한다.

- 모르는 번호 엉뚱한 전화/연락을 하지도 받지도 않는다.

- 학교 전화번호부 혹은 온라인 전화번호부에서 상대방의 연락처를 알 수 있다고 해서 그 사람에

게 전화하거나 문자보내기 등 연락을 하지 않는다.

- 의견을 묻는 문자나 카톡 등 SNS에는 "예" 또는 "아니오"의 의견을 분명히 올린다.
- 이미 한번 말한 의견이라고 하더라도 상대방이 다시 물어오면 답하는 것이 좋다.
- 통화를 할 때에는 행동이 아닌 말로 표현한다.

4) "이오삼스"규칙

(1) "두 번은 OK, 세 번은 스토커 : 이오삼스"

- 전화와 마찬가지로, 종종 문자메시지, 메신저, 쪽지, 또는 이메일을 보내면 답장을 받지 못하는 경우가 있다.
- 상대방에게 메시지를 남겼을 때 답장이 없으면 두 번까지만 연락을 하고 답을 기다려야 한다.
- 상대방이 바빠서 확인을 못하는 경우도 있고, 지금 당장 응답을 할 수 있는 상황이 아니거나 지금은 여러분과 대화를 하고 싶지 않을 수도 있다.
- 발신표시를 보았다면 이후에 연락이 올 것이니 기다리는 것이 좋다.
- 때로는 문자 등으로 "연락 부탁합니다."라는 내용을 보낼 수 있다.
- 세 번 이상 연락을 반복해서 하게 되면 상대방은 점차 화가 날 수도 있고, 여러분이 이상하다고 생각할 수 있다. 이상하다고 생각한 사람과는 친구가 되고 싶지 않다.
- 계속 쉬지 않고 연락을 남기게 되면, '스토커'라는 나쁜 별명을 얻게 될 수 있다.

3. 시범 보이기

- 바른 예와 바르지 않은 예를 보여주고 아동들에게 무엇을 잘 했는지, 무엇이 잘못되었는지 맞출 수 있게 한다.

우리는 예의있는 통화를 하기 위한 구체적인 단계를 배웠습니다. 칠판에 적혀 있는 것이나 배운 것을 잘 기억하면서 선생님들이 하는 것을 잘 보고 무엇이 잘 되었는지, 무엇이 잘못되었는지 이야기해보세요.
선생님과 보조선생님이 지금부터 짧은 역할극을 할 것입니다. 자, 시작합니다.

진행교사: (전화기를 귀에 댄 척 하며)따르릉, 따르릉

보조교사: (전화기를 드는 척 하며)여보세요.

진행교사: 야, 뭐 하고 있어?

보조교사: (어리둥절한 목소리로)음…TV 보고 있어요, 근데 누구세요?

진행교사: 그래? 뭐 보는데?

보조교사: (어리둥절한 목소리로) 그냥, 런닝맨요....

진행교사: 나도 그거 좋아하는데.

보조교사: (짜증난 목소리로) 그렇구나. 너 ㅇㅇ야?

진행교사: 그래, 이번 주말에 뭐 할 거야?

보조고사: (짜증난 목소리로) 아, 몰라.

자, 여기까지입니다. 이 전화통화는 어땠나요?

(아동들이 보이는 다양한 반응에 대해 들어본다.)

진행교사: (전화기를 귀에 댄 척 하며)따르릉, 따르릉

보조교사: (전화기를 드는 척 하며)여보세요.

진행교사: 안녕하세요. 저는 수연인데요, 정환이 있어요?

보조교사: (반가운 목소리로)아, 수연아. 나 정환이야.

진행교사: 안녕, 정환아. 너 지금 통화할 수 있어?

보조교사: 응. 무슨 일이야?

진행교사: 나, 알림장을 학교에 놓고 와서. 내일 준비물이 뭐니?

보조교사: 잠깐만 기다려. 알림장 보고 알려줄게.

진행교사: 응, 고마워.

(잠깐 멈추고)

보조고사: 내일, 콤파스랑 각도기 갖고 가는 거야.

진행교사: 응, 고마워. 잘 있어.

보조교사: 어, 안녕. 내일 봐.

자, 여기까지입니다. 이 전화통화는 어땠나요?

(아동들이 보이는 다양한 반응에 대해 들어본다.)

4. 역할 놀이

- 전화 걸기 시작 인사와 헤어짐 인사에 관한 규칙을 확실히 따르도록 한다.
- '시범 보이기'의 예를 따라 해도 좋으나 매 회기 과제로 나가고 있는 '관심사 찾기'를 위한 전화통화 하기를 연습해도 좋다.
- 전화 거는 사람과 받는 사람을 정해준다.
    ① 전화를 거는 사람이 대화를 시작한다.
    ② 받는 사람이 전화를 끝낸다.(교사가 도움을 준다)
- 연습한 결과를 이야기 해본다.
    ① 전화 건 사람이 어떻게 전화의 대화를 시작했는지 확인한다.
    ② 서로의 관심사를 주고받았는지 묻는다.
    ③ 공통의 관심사가 있었는지 묻는다.
    ④ 어떻게 대화를 끝냈는지 확인한다.
    ⑤ 전화 끝낼 때의 헤어짐말을 확인한다.
- 칠판에 적혀있는 대화 십계명을 확인하며 아동들의 역할놀이를 서로가 평가할 수 있도록 해도 좋다.

5. 파워카드

- 카드의 캐릭터는 집단 구성원 중 한 명이 좋아하는 캐릭터로 만든다.
- 카드를 나눠주고 누가 좋아했던 캐릭터였는지 확인하며 서로의 관심사를 한번 더 점검한다.
- 큰소리로 카드를 읽고 마무리한다.

전화통화 하기	
♠ 전화통화 하기 1. 인사를 한다. 2. 자신이 누구인지 이야기한다. 3. 누구와 통화하고 싶은지 말한다. 4. 전화한 이유를 이야기한다. 5. 주고받는 대화를 나눈다. 6. 할 이야기가 다 끝났을 때, 대화가 길게 멈출 때 헤어짐 말을 한다. 7. 인사를 한다. ※ 주의사항! "이오삼스" 규칙	

Ⅲ. 정리

1. 돌아보기

1) 발표하기

- 새롭게 배운 점, 도움이 된 점, 자신 또는 다른 친구들을 칭찬할 점 등을 발표한다.

2) 일지쓰기

- 일지를 나눠주고 기록하도록 한다.

  ☞ '발표하기' 또는 '일지쓰기' 중 한 활동을 하여 정리한다.

2. 과제

1) 새로운 짝을 정해 '바른 대화 십계명'과 '전화통화예절'을 생각하며 전화통화를 하여 공통점을 찾는다.

2) 대화 십계명을 생각하며 부모님의 관심사 및 공통점을 찾는 대화를 나눈다.

3) 집단 구성원들에게 소개하고 싶은 자신의 물건을 하나씩 가져온다.

3. 자유시간

1) 간식을 나눠준다.

2) 약 10여 분간의 자유 시간을 제공한다. 단, 교실 밖으로는 나가지 않도록 한다.

따친모 5. 우리는 대화의 달인

목 표	· 주고받기 대화를 하며 서로의 관심사를 나눌 수 있다.
준비물	이름표, 회기 참여일지, 소개하고 싶은 개인 물건, 파워카드

단 계	활동 내용
도 입	🐾 인사하기 및 출석 확인 🐾 규칙 점검하기 🐾 과제 점검하기 　– 지난 시간에 배운 내용을 확인한다. (파워카드 활용 가능) 　– 과제 발표: 가족과의 공통점, 통화한 친구와의 공통점, '만남 인사'와 '헤어짐 인 　　　사'를 하며 전화통화를 했는지 확인 🐾 주제 소개 및 주제 정의하기 　– 오늘의 주제 '경청하며 대화하기'에 대한 대화를 소개한다. 　– 그 동안 배웠던 관심사 찾기, 대화 십계명의 내용을 정리하고 우리들만의 정의를 　　확인하여 큰소리로 읽는다. 🐾 주제 도입하기 　– 각자가 친구들에게 소개해주고 싶은 물건이 무엇인지 책상위에 놓고 둘러보며 관 　　심을 갖도록 한다.
전 개	🐾 주제 설명하기 　– 그 동안 배웠던 주고받는 대화에 대해 재설명하고 친구들의 이야기에 진지하게 관 　　심을 기울이는 자세를 가져야 함에 대해 설명한다. 　– 대화를 나누는 태도 중 가장 중요한 '경청'에 대해 설명한다. 　1. 경청 　태도 : 적당히 가까운 거리, 자세, 시선, 표정, 목소리 　규칙 : 일정한 거리 유지하기, 바라보기, 목소리 크기 조절, 대화를 독차지하지 않 　　　기, 이어가는 질문하기, 귀기울이기(경청) 　　– 말하고 있는 사람을 관심어린 표정으로 쳐다본다. 　　– 상대방의 이야기가 끝날 때까지 조용히 듣는다. 　　– 들은 내용에 대해 이해가 되면 고개를 끄덕인다. 　　– 이해가 안 되면 다시 묻는다.

2. 관심을 기울이는 자세
  – 한 팔 간격의 거리(너무 가까우면 부담스럽고 너무 멀면 무관심해보인다.)
  – 얼굴 전체를 바라보며 눈을 자주 마주친다.
  – 잘 듣고 있다는 표시로 고개를 끄덕인다.
  – 말을 들으며 "어", "그래", "응" 등의 언어적 반응을 한다.
  – 말을 중간에 자르지 않고 끝까지 듣는다.
3. 상대방의 이야기를 경청하고 이에 맞게 반응을 보이며 친구의 감정에 같은 감정을 보여주는 것이 '공감'임에 대해 설명하여 다음 회기의 주제에 대해 미리 언급해준다.

전 개

🐯 **시범 보이기**
  – 경청 및 관심을 기울이는 자세를 설명하면서 적절한 역할과 부적절한 역할에 대해 시범을 보이며 이해를 돕는다.

🐯 **역할놀이**
  – 자신이 가져온 개인 물건을 소개하고, 그 과정에서 경청하고 주고받는 대화를 하며 관심을 기울이는 역할에 대해 연습해본다.
  – 목적은 경청의 태도를 지키며 상대방의 이야기에 귀기울이는 것이다.
  – 경청을 해야만 이어가는 질문을 할 수 있고 적절한 반응을 보일 수 있음을 이해하도록 돕는다.

🐯 **파워카드**
  – 오늘의 주제에 대해 요약한 파워카드를 준다.
  – 모두 큰 소리로 파워카드를 읽는다.

🐯 **돌아보기**
  – 이번 시간에 새롭게 배운 점, 도움이 된 점, 칭찬할 점 등을 발표하기 또는 일지에 기록하며 점검한다.

정 리 🐯 **과제 나누기**
  – 이번 시간에 배운 것을 다음 시간 전까지 부모님과 연습한다.
  – 집단 구성원 중 1인에게 전화하여 공통의 관심사, 공통점을 찾는다.

🐯 **간식 및 자유놀이**
  – 간식을 먹으며 자유놀이하기

활동 지도안 5

Ⅰ. 도입

1. 인사하기 및 출석 확인

1) 이름표를 나눠주며 반갑게 인사한다.

2) 칠판에 구성원들의 이름을 적으며 출석을 확인한다.

- 출석을 부른 후 출석에 대한 토큰을 준다.

2. 규칙 점검하기

1) 규칙을 확인하며 하나씩 칠판에 적고 큰소리로 함께 읽는다.

① 경청하기

② 손들고 말하기

③ 존중하기

④ 신체접촉 조심하기(때리지 않기)

⑤ 위의 규칙을 모두 잘 지키기

- 회기가 지나 아동들이 규칙을 기억하게 되면 한명씩 발표하여 말하도록 하여 토큰을 모을 수 있는 기회로 활용한다.
- ①~③은 교사가 정해준 규칙이며 ④와 ⑤는 집단마다 다를 수 있다.

3. 과제 점검하기

1) 전화통화하기

- 짝으로 정해준 아동들과 통화를 했는지 손을 들어 확인한다.
- 통화를 통해 알아본 친구의 관심사와 자신과의 공통 관심사에 대해 발표한다.
- 과제를 수행한 것에 대해 칭찬하고 토큰을 제공한다.

2) 가족의 관심사와 공통점

- 아빠나 엄마, 가족들의 관심사 및 공통점을 발표한다.
- 새롭게 배운 '바른 대화 십계명'과 '전화통화 예절'을 잘 활용하며 대화했는지 확인하는 것이 중요하다.
- 과제 수행에 대해 칭찬하고 토큰을 제공한다.

4. 주제 소개

1) 오늘의 주제 '경청하며 대화하기'에 대해 소개한다.

2) 대화의 주제는 '친구의 소중한 물건'임을 알린다.

3) 각자 가지고 온 물건을 꺼내 놓도록 한다.

- 5회기는 그 동안의 대화기술을 총정리하는 시간으로 주제에 대한 정의는 하지 않는다. 그 동안 배운 것들을 정리하며 확인하는 것이 중요하다.
- 집단 구성원들이 원할 경우나 필요할 경우 '경청'에 대한 정의 내리기 활동을 하여 경청의 중요성을 강조하는 것도 좋다.

II. 전개

1. 오늘의 활동 소개

- 그 동안 배웠던 주고받는 대화에 대해 다시 설명하고 친구들의 이야기에 진지하게 관심을 기울이는 자세를 가져야 함에 대해 이야기한다.
- 대화를 나누는 태도 중 가장 중요한 '경청'에 대해 설명한다.

2. 경청

1) 경청의 태도 : 적당히 가까운 거리, 자세, 시선, 표정, 목소리

2) 일정한 거리 유지하기, 바라보기, 목소리 크기 조절, 대화를 독차지하지 않기, 이어가는 질문하기, 귀기울이기(경청)

- 말하고 있는 사람을 관심어린 표정으로 쳐다본다.
- 상대방의 이야기가 끝날 때까지 조용히 듣는다.
- 들은 내용에 대해 이해가 되면 고개를 끄덕인다.
- 이해가 안 되면 다시 묻는다.

3) 관심을 기울이는 자세

- 한 팔 간격의 거리(너무 가까우면 부담스럽고 너무 멀면 무관심해 보인다.)
- 얼굴 전체를 바라보며 눈을 자주 마주친다.

- 잘 듣고 있다는 표시로 고개를 끄덕인다.
- 말을 들으며 "어", "그래", "응" 등의 언어적 반응을 한다.
- 말을 중간에 자르지 않고 끝까지 듣는다.

4) 상대방의 이야기를 경청하고 이에 맞게 반응을 보이며 친구의 감정에 같은 감정을 보여주는 것이 '공감'임에 대해 설명하여 다음 회기의 주제에 대해 미리 언급한다.

3. 시범 보이기

1) 교사가 집단 구성원들에게 보여주기 위해 가져온 물건을 꺼낸다.

2) 보조교사에게 자신의 관심사를 보여주고 주고받는 대화를 하는 바른 예와 바르지 않은 예를 보인다.

다 같이 보고 어떠한 점이 잘되었는지 또는 잘못되었는지 발표해주세요.

<table>
<tr><td rowspan="9" style="vertical-align:middle">바르지않은예</td><td>진행교사:</td><td>너는 오늘 무슨 물건을 갖고 왔니?</td></tr>
<tr><td>보조교사:</td><td>나? 나는 내가 제일 좋아하는 게임기를 가져왔어.</td></tr>
<tr><td>진행교사:</td><td>그렇구나, 나는 오늘 친구들한테 보여주려고 작은 화분을 갖고 왔어.</td></tr>
<tr><td>보조교사:</td><td>와~</td></tr>
<tr><td>진행교사:</td><td>(말을 끊으며)이건, 장미허브라고 하는 건데, 일주일에 한번만 물 주면 되고 키우기 간단해. 근데 자꾸 물을 주고 싶어서 매일 주니까 오래 못살고 죽을라고 해서 걱정이야.</td></tr>
<tr><td>보조교사:</td><td>(지루해 하며 자신이 가져온 게임기를 만지작거린다.)</td></tr>
<tr><td>진행교사:</td><td>(보조교사가 설명도 하지 않았는데 게임기를 빼앗아 들며) 너 이거 가져왔어? 나도 이런 거 좋아하는데 이거 나도 해도 돼?</td></tr>
<tr><td>보조교사:</td><td>(다시 가져오려고 하는데 교사가 마음대로 게임기를 켜고 하려한다.) 그러지 마, 줘, 내 꺼야.</td></tr>
<tr><td>진행교사:</td><td>(아랑곳하지 않고 친구를 바라보지도 않으며) 어디를 켜야 나오는거야?</td></tr>
</table>

자, 여기까지입니다. 어땠나요?
(아동들이 하는 답을 듣는다. 혼잣말만 한다. 친구의 말을 경청하지 않았다. 꼬리물기를 하지 않았다 등)
또 하나 보여줄게요. 어떤 점이 잘되었는지 또는 잘못되었는지 발표해주세요.

진행교사: 너는 오늘 무슨 물건을 갖고 왔니?

보조교사: 나? 나는 내가 제일 좋아하는 게임기를 가져왔어.

진행교사: 그렇구나, 나는 오늘 친구들한테 보여주려고 작은 화분을 갖고 왔어.

보조교사: 와, 이건 이름이 뭐야?

진행교사: 이건, 장미허브라고 하는 건데, 일주일에 한번만 물 주면 되고 키우기 간단해.
　　　　　너는 어떤 게임을 가져왔는데?

보조교사: 나는 닌텐도. 너 이거 해봤어?

진행교사: 와, 좋겠다. 나도 하고 싶은데 나는 엄마가 안 사줬어.

자, 여기까지입니다. 어땠나요?

(아동들이 하는 답을 듣는다. 꼬리물기를 잘 했어요. 경청을 잘했어요. 맞장구를 잘 쳤어요. 질문에 스스로도 답하기를 잘 했어요 등)

4. 역할놀이

1) 짝을 정해준다.

- 둘씩 짝을 이뤄 진행해도 좋고 아동들이 한 명씩 앞으로 나와 소개하고 다른 아동들이 경청하여 들으며 질문을 하는 형태로 진행 할 수 있다.

2) 두 명의 아동들이 한 팀을 이뤄 한 팀씩 앞으로 나와 자신이 가지고 온 물건을 소개하며 대화나누기를 연습한다.

3) 팀의 역할극이 끝나면 진행교사와 보조교사, 나머지 아동들은 이들의 역할에 대해 바르게 한 점과 그렇지 않은 점을 이야기한다.

5. 파워카드

- 카드의 캐릭터는 집단 구성원 중 한 명이 좋아하는 캐릭터로 만든다.
- 카드를 나눠주고 누가 좋아했던 캐릭터였는지 확인하며 서로의 관심사를 한번 더 점검한다.
- 큰소리로 카드를 읽고 마무리한다.

따뜻한 친구들의 대화 나누기	
1. 서로의 관심사를 찾아 대화하기 2. 꼬리를 무는 주고받는 대화하기 3. 경청하기 : 적당히 가까운 거리, 자세, 시선, 표정, 목소리 크기 4. 관심을 기울이는 자세보이기 : "어", "그래", "응" 등의 말, 고개 끄덕이기 5. 따뜻한 친구 되어주기 : 말을 많이 하기보다는 많이 들어주고 반응해주는 친구	

III. 정리

1. 돌아보기

1) 발표하기

- 새롭게 배운 점, 도움이 된 점, 자신 또는 다른 친구들을 칭찬할 점 등을 발표한다.

2) 일지쓰기

- 일지를 나눠주고 기록하도록 한다.

  ☞ '발표하기' 또는 '일지쓰기' 중 한 활동을 하여 정리한다.

2. 과제

1) 새로운 짝을 정해 '바른 대화 십계명'과 '전화통화예절'을 생각하며 전화통화를 하여 공통점을 찾는다.

2) 대화 십계명을 생각하며 부모님의 관심사 및 공통점을 찾는 대화를 나눈다.

3. 자유시간

1) 간식을 나눠준다.

2) 약 10여 분간의 자유 시간을 제공한다. 단, 교실 밖으로는 나가지 않도록 한다.

2. 감정을 나눠요

따친모 6. 다양한 감정 이해와 표현하기

목 표 · 다양한 감정이 있음을 알고 나의 감정을 적절하게 표현해 본다.

준비물 이름표, 감정 카드, 회기 참여일지

단 계	활동 내용
도 입	😺 인사하기 및 출석 확인 😺 규칙 점검하기 😺 과제 점검하기 – 지난 시간에 배운 내용을 확인한다. (파워카드 활용 가능) – 과제 발표: 가족과의 공통점, 통화한 친구와의 공통점, '만남 인사'와 '헤어짐 인사'를 하며 전화통화를 했는지 확인 😺 주제 소개 및 주제 정의하기 – 오늘의 주제 '감정 표현'을 소개한다. – '감정 표현'에 대한 우리들만의 정의를 내린다. 😺 주제 도입하기 – 진행교사는 아동들이 내린 정의와 주제를 연관하여 이야기를 이끌어간다. – 사람들은 상황에 따라 감정이 다를 수 있으며 같은 상황에서도 사람들마다 다르게 느낄 수 있음에 대해 이야기한다.
전 개	😺 주제 설명하기 – 이번 시간에 배울 것은 '다양한 감정 이해와 표현하기'이다. – 사람의 감정에는 다양한 감정이 있으며 이는 상황과 관련이 있다. – 감정과 상황을 이해하기 위해서는 주변을 살펴야 하고 경청을 해야 함을 이야기한다. – 이전 회기에 배웠던 경청에 대해 재설명하고 반응에 대해 설명한다. 1. 경청의 중요성 확인 2. 관심을 기울이는 자세 확인 3. 다양한 감정에 대해 이해하고 나의 감정에 대해 표현하기 (긍정적인 감정 vs. 부정적인 감정) 4. 표현 방법 설명하기 : "네가(다른 누군가가, 어떤 일이)_____해서, 나는 _____해"라고 표현한다.

Part 3. 프로그램의 실제 : 우리는 따친모예요~!!

전 개	**🐾 시범 보이기**
	– 교사는 보조교사와 함께 '감정 이해 및 표현하기'에 대한 시범을 보인다.
	– 바른 시범과 바르지 않은 시범을 보인다.
	– 바르지 않은 시범에서는 무엇이 잘못되었는지를 확인한다.
	🐾 역할놀이
	– 감정 카드를 골라 그에 맞는 자신의 상황에 대해 이야기 나눈다.
	– 표현하는 아동은 상황과 감정을 적절하게 표현해야 하고 듣는 아동들은 경청의 태도를 지키며 상대방의 감정을 이해하도록 해야 함을 강조한다.
	🐾 파워카드
	– 오늘의 주제에 대해 요약한 파워카드를 준다.
	– 모두 큰 소리로 파워카드를 읽는다.
정 리	**🐾 돌아보기**
	– 이번 시간에 새롭게 배운 점, 도움이 된 점, 칭찬할 점 등을 발표하기 또는 일지에 기록하며 점검한다.
	🐾 과제 나누기
	– '나의 감정 표현하기'를 부모님과 연습한다.
	– 집단 구성원 중 1인에게 전화하여 공통의 관심사, 공통점, 그날의 친구 감정상태를 확인한다.
	🐾 간식 및 자유놀이
	– 간식을 먹으며 자유놀이하기

활동 지도안 6

Ⅰ. 도입

1. 인사하기 및 출석 확인

1) 이름표를 나눠주며 반갑게 인사한다.

2) 칠판에 구성원들의 이름을 적으며 출석을 확인한다.

- 출석을 부른 후 출석에 대한 토큰을 준다.

2. 규칙 점검하기

1) 규칙을 확인하며 하나씩 칠판에 적고 큰소리로 함께 읽는다.

① 경청하기

② 손들고 말하기

③ 존중하기

④ 신체접촉 조심하기(때리지 않기)

⑤ 위의 규칙을 모두 잘 지키기

3. 과제 점검하기

1) 전화통화하기

- 짝으로 정해준 아동들과 통화를 했는지 손을 들어 확인한다.

- 통화를 통해 알아본 친구의 관심사와 자신과의 공통 관심사에 대해 발표한다.

- 새롭게 배운 '전화통화 예절'을 잘 활용하며 대화했는지 확인하는 것이 중요하다.

2) 가족 과제

- 아빠나 엄마, 가족들의 관심사 및 공통점을 발표한다.

- 과제 수행에 대해 칭찬하고 토큰을 제공한다.

4. 주제 소개 및 주제 정의하기

1) 오늘의 주제 '다양한 감정 이해와 표현하기'에 대해 소개한다.

2) 주제 정의하기

- "감정 표현"은 무엇인지 어떻게 해야 하는지 등에 대한 각자의 의견을 발표하며 주제 정의하기를 한다.
- 보조교사는 아동들이 발표하는 내용을 모두 칠판에 적는다.
- 전체 아동들의 의견을 수렴하여 주제와 연관성을 확인하고 줄여 나간다.
  - ☞ 주제와 연관성을 다수결 또는 O, X의 수 등 다양한 방법으로 정할 수 있다.
- 교사가 주도하여 정의를 내리거나 학생이 정의를 내릴 수 있게 기회를 준다.
- 정의가 정리되면 모두 큰 소리로 읽는다.

따친모 Episode '감정표현'우리들만의 정의

"감정표현이란 자신의 감정을 상대에게 표현하고 자신의 마음을 보여주며 자신이 받은 느낌을 표현하는 것"

"감정표현이란 슬프거나 기쁘거나 화를 다른 사람에게 행동이 아닌 말로 나타나는 것, 그러나 우리가 못하는 것 중 하나"

"감정표현이란 태어날 때는 못하지만 서서히 발달하고 자신의 행복과 불행을 결정하는 인간관계를 좌우하는 감정표현금이다"(감정표현이 현금만큼 중요한 것이니까 **감정표현금**이라고 해야 한다는 한 아동의 주장을 모두 수용하여'감정표현금'이라고 정의내림)

---

5. 주제 도입하기

- '우리들의 정의'를 바탕으로 주제와 연관하여 설명한다.
- 사람들은 상황에 따라 감정이 다를 수 있으며 같은 상황에서도 사람들마다 다르게 느낄 수 있음을 이야기한다.

II. 전개

1. 주제 설명하기

- 사람의 감정에는 다양한 감정이 있으며 이는 상황과 관련이 있다.
- 감정과 상황을 이해하기 위해서는 경청해야 하며 주변이나 상대방을 잘 살펴봐야 한다.
- 가장 중요한 것은 자신의 감정을 행동으로 보이는 것이 아니라 "왜 나의 기분이 이러한지에 대해" 이유와 지금의 감정 상태를 말로 표현하여 상대방에게 알 수 있도록 하는 것이다.

2. 다양한 감정 이해와 표현하기

1) 다양한 감정에 대해 이해하기

- 아동들이 알고 있는 감정에 대해 이야기하게 하고 그 내용을 칠판에 기록한다.
- 긍정적 감정을 나타내는 말 vs. 부정적 감정을 나타내는 말이 있다.
- 칠판에 기록한 다양한 감정을 언제 느끼고 어떻게 표현하는지 이야기 나눈다.
  - · 언제 기분이 좋은가요? 어떻게 표현하나요?
  - · 언제 화가 나나요? 어떻게 표현하나요?
  - · 언제 슬픈가요? 어떻게 표현하나요?
  - · 언제 두려움을 느끼나요? 어떻게 표현하나요?
  - · 언제 부끄러운 마음이 드나요? 어떻게 표현하나요?
- 서로의 이야기를 경청하도록 하며 사람마다 상황에 따라 드는 감정이 다양할 수 있음을 인지하도록 한다.
- 긍정적 감정뿐 아니라 부정적 감정 또한 소중한 나의 감정임을 설명한다.
- 화, 분노, 짜증 등의 감정은 절대 나쁜 것이 아니다. 다만 그것을 표현하는 방법이 중요하다.

2) 내 감정 바르게 표현하기

- 상황에 대한 표현: " ~~(상황)해서, 나는 ~~해"라고 말한다.
  예) "엄마한테 혼나서 나는 기분이 좋지 않다",
  　　 "학교에서 친구와 싸워서 나는 기분이 나쁘다",
  　　 "친구가 말도 없이 약속을 지키지 않아서 나는 화가 난다" 등
- 사람에 대한 표현: "네가 ~~해서, 나는 ~~해"라고 말한다.
  예) "엄마가 이유도 묻지 않고 소리를 질러서 나는 기분이 좋지 않아요"
  　　 "은정아, 네가 나한테 ooo라고 놀려서 나는 기분이 나빠"
  　　 "보미야, 네가 연락도 없이 약속시간에 오지 않아서 나는 화가 나"

3. 시범 보이기

• 바른 예와 바르지 않은 예를 보이고 잘된 점과 그렇지 않은 점에 대해 발표한다.

바르지않은예

진행교사: (미안한 듯 웃으며 다가가서) 은정아.

보조교사: (짜증난 얼굴로 손목시계를 바라보며) 어.

진행교사: (손을 잡으며)미안, 많이 기다렸지.

보조교사: (뒤로 물러나며 관심없다는 듯이) 됐거든. 지금이 몇 시냐?

진행교사: 어, 미안해. 나오려는데...

보조교사: (말을 끊고 화내며 간다) 너랑은 다시 연락 안 해. 저리가.

무엇이 잘못되었나요? 어떻게 하면 좋을까요?

(답: 왜 화가 났는지 정확하게 말하지 않았음 등)

바른예

진행교사: (미안한 듯 웃으며 다가가서) 은정아.

보조교사: (짜증난 얼굴로 손목시계를 바라보며) 어.

진행교사: (손을 잡으며)미안, 많이 기다렸지.

보조교사: (뒤로 물러나며 관심없다는 듯이) 됐거든. 지금이 몇 시냐?

진행교사: 어, 너무 미안해. 나오려는데 엄마가 심부름을 시켜서.

보조교사: (기분은 나쁘지만 침착하게) 네가 늦으면서 연락도 안하니까 나는 기분이 좋지 않아.

무엇이 잘못되었나요? 어떻게 하면 좋을까요?

(답: 잘못된 곳 없음)

바르지않은예

진행교사: (웃으며 다가가서) 얼레리꼴리레~ 은정이는 얼레리꼴레리 히히히히히.

보조교사: (당황한 듯 바라보며)어……

진행교사: 난 너 욕한 거 아니야, 난 너 좋아서~~ 은정이 얼레리꼴리리.

보조교사: (울먹이는 목소리로) 음…….

진행교사: (계속해서 놀리듯)은정아~~~하하하하.

보조교사: (엎드려 운다)

무엇이 잘못되었나요? 어떻게 하면 좋을까요?

(답: 왜 화가 났는지 정확하게 말하지 않았음 등)

진행교사: (웃으며 다가가서) 얼레리꼴리레~ 은정이는 얼레리꼴레리 히히히히히.

보조교사: (당황한 듯 바라보며)어……

진행교사: 난 너 욕한 거 아니야, 난 너 좋아서~~ 은정이 얼레리꼴레리.

보조교사: (울먹이는 목소리로) 음…

진행교사: (계속해서 놀리듯)은정아~~~ 하하하하.

보조교사: (진행교사를 바라보며 단호하게)네가 나한테 자꾸 얼레리꼴레리라고 하니까 난 화가 나. 하지 말아줘.

무엇이 잘못되었나요? 어떻게 하면 좋을까요?

(답: 잘못된 곳 없음)

- 물론 하지 말라고 한다고 놀리던 친구가 놀리는 것을 멈추지는 않을 수 있다.
- 이번 회기에서는 감정을 행동이 아닌 말로 표현하는 것이 핵심이므로 이에 대해서만 강조하고 다룬다.

4. 역할놀이

☞ 긍정적 감정(기쁘다, 즐겁다, 신난다, 재밌다, 행복하다, 설레인다 등)과 부정적 감정(화난다, 무섭다, 두렵다, 짜증난다, 불안하다 등)을 적은 감정카드를 만들어 사용할 수 있다.

- 감정 카드를 골라 그에 맞는 자신의 상황에 대해 이야기 나눈다.
- 표현하는 아동은 상황과 감정을 적절하게 표현해야 하며 듣는 아동들은 경청의 태도를 지키며 상대방의 감정을 이해하도록 해야 함을 강조한다.

5. 파워카드

- 카드의 캐릭터는 집단 구성원 중 한 명이 좋아하는 캐릭터로 만든다.
- 카드를 나눠주고 누가 좋아했던 캐릭터였는지 확인하며 서로의 관심사를 한번 더 점검한다.
- 큰소리로 카드를 읽고 마무리한다.

Part 3. 프로그램의 실제
:우리는 따친모에요~!!

내 마음 말하기			
_____ 해서, 나는 기뻐요. ☺	_____ 해서, 나는 화가 나요. 😡	_____ 해서, 슬퍼요. 😢	_____ 해서, 무서워요. 😨

III. 정리

1. 돌아보기

1) 발표하기

- 새롭게 배운 점, 도움이 된 점, 자신 또는 다른 친구들을 칭찬할 점 등을 발표한다.

2) 일지쓰기

- 일지를 나눠주고 기록하도록 한다.

  ☞ '발표하기' 또는 '일지쓰기' 중 한 활동을 하여 정리한다.

2. 과제

1) 새로운 짝을 정해 '바른 대화 십계명'과 '전화통화 예절'을 생각하며 전화통화를 하여 그날의 감정 상태나 특별한 감정에 대해 이야기한다.

2) '감정 표현하기'를 부모님과 연습한다.

3. 자유시간

1) 간식을 나눠준다.

2) 약 10여 분간의 자유 시간을 제공한다. 단, 교실 밖으로는 나가지 않도록 한다.

따친모 7. 친구 감정에 반응하기: 공감하기

| 목 표 | · 다른 사람의 감정을 이해하고 적절한 반응을 보일 수 있다. |

| 준비물 | 준비물 : 이름표, 감정카드, 회기 참여일지 |

단 계	활동 내용
도 입	🐱 인사하기 및 출석 확인 🐱 규칙 점검하기 🐱 과제 점검하기 – 지난 시간에 배운 내용을 확인한다. (파워카드 활용 가능) – 과제 발표: '전화통화 예절'과 '바른 대화 십계명'을 기억하며 통화를 했는지와 통화한 날의 친구들의 감정이 어땠는지를 중심 내용으로 과제 점검 🐱 주제 소개 및 주제 정의하기 – 오늘의 주제 '감정에 반응(공감)하기'를 소개한다. – '공감'에 대한 우리들만의 정의를 내린다. 🐱 주제 도입하기 – 진행교사는 아동들이 내린 정의와 주제를 연관하여 이야기를 이끌어간다. – 가장 좋아하는 음식, 가장 싫어하는 음식, 가장 기뻤을 때, 가장 슬펐을 때, 가장 화가 났을 때 등을 나눈다. – 사람들 모두 좋아하는 것이나 싫어하는 것이 다른 것처럼 같은 상황에서 다른 감정을 가질 수 있음을 이야기한다.

전 개	🐱 주제 설명하기
	– 공감이란 상대방의 느낌이나 생각을 깨닫고 이해한 뒤, 내가 이해한 느낌과 생각을 상대방이 알 수 있도록 다시 반응해주는 것이다.
	– 친구의 감정, 생각에 대해 이해하고 반응하는 것을 '공감'이라고 하며 이를 위해서는 '공감 사총사'가 필요하다.
	1. 공감 사총사
	  ① 경청하기/관심있는 태도
	  ② 이해하기 : 내용이해, 느낌이해
	  ③ 입장바꿔 생각하기 : "나라면~", "내 이야기라면~"

④ 반응하기
: 어떻게 반응해야 하나?
: 언어적 반응 – "~해서 ~하게 느끼는구나"(이해한 것을 구체적으로 표현하도록 한다.)
: 행동적 반응 – 위로적 행동을 한다, 혼자 있게 둔다 등
2. 친구의 이야기를 듣고 "입장바꿔 생각하기"를 마음 속으로 실시하며 내가 듣고 싶은 이야기를 친구에게 해주는 것이 중요함을 설명한다.

전 개

🐾 **시범 보이기**
- 바른 시범(공감하기)과 바르지 않은 시범(무시하기)을 보인다.
- 바르지 않은 시범에서는 무엇이 잘못되었는지를 확인한다.

🐾 **역할놀이**
- 아동의 역할수행에 대해 구체적으로 피드백을 준다.

🐾 **파워카드**
- 오늘의 주제에 대해 요약한 파워카드를 준다.
- 모두 큰 소리로 파워카드를 읽는다.

🐾 **돌아보기**
- 이번 시간에 새롭게 배운 점, 도움이 된 점, 칭찬할 점 등을 발표하기 또는 일지에 기록하며 점검한다.

정 리

🐾 **과제 나누기**
- 이번 시간에 배운 것(공감)을 부모님과 연습한다.
- 집단 구성원 중 1인에게 전화하여 특별한 일이나 감정을 묻고 공감을 한다.

🐾 **간식 및 자유놀이**
- 간식을 먹으며 자유놀이하기

활동 지도안 7

Ⅰ. 도입

1. 인사하기 및 출석 확인

1) 이름표를 나눠주며 반갑게 인사한다.

2) 칠판에 구성원들의 이름을 적으며 출석을 확인한다.

- 칠판에 쓴 아동들의 이름 옆에 오늘의 기분에 대한 얼굴표정(☺, ☺, ☹)을 간략하게 그려 넣는다.
- 특별한 기분을 말할 경우 왜 그런 기분을 느꼈는지 묻고 다른 아동들에게 경청하도록 한다.
- 출석을 부른 후 출석에 대한 토큰을 준다.

2. 규칙 점검하기

- 규칙을 확인하며 하나씩 칠판에 적고 큰소리로 함께 읽는다.

  ① 경청하기

  ② 손들고 말하기

  ③ 존중하기(놀리거나 다른 사람을 비웃지 않기)

  ④ 신체접촉 조심하기(때리기, 차기, 밀기, 안기 등 하지 않기)

  ⑤ 위의 규칙을 모두 잘 지키기

3. 과제 점검하기

1) 전화통화하기

- 짝으로 정해준 아동들과 통화를 했는지 손을 들어 확인한다.
- '바른 대화 십계명'과 '전화통화 예절'을 잘 활용하며 대화했는지 확인한다.
- 통화한 친구가 당일 기분이 어땠는지 이유는 무엇인지 등을 확인한다.
- 친구들의 기분을 서로 알아봤는지를 확인하는 것이 중요하다.

2) 가족 과제

- 아빠나 엄마, 가족들 간의 감정표현을 어떻게 했는지 발표한다.
- 새롭게 배운 '감정표현하기'를 행동만으로 아닌 말로 잘 표현했는지를 확인하는 것이 핵심이다.

- 과제 수행에 대해 칭찬하고 토큰을 제공한다.

4. 주제 소개 및 주제 정의하기

1) 오늘의 주제 '감정에 반응(공감)하기'에 대해 소개한다.

- "감정에 반응하기"에서 가장 중요하고 필요한 것은 바로 "공감"이라고 할 수 있다.

2) 주제 정의하기

(1) "공감"이 무엇인지 어떻게 해야 하는지 등에 대한 각자의 의견을 발표하며 주제 정의하기를 한다.

(2) 보조교사는 아동들이 발표하는 내용을 모두 칠판에 적는다.

(3) 전체 아동들의 의견을 수렴하여 주제와 연관성을 확인하고 줄여 나간다.

☞ 주제와 연관성을 다수결 또는 O, X의 수 등 다양한 방법으로 정할 수 있다.

(4) 교사가 주도하여 정의를 내리거나 학생이 정의를 내릴 수 있게 기회를 준다.

(5) 정의가 정리되면 모두 큰 소리로 읽는다.

> **따친모 Episode '공감'우리들만의 정의**
> "공감이란 남의 말, 처지, 마음, 의견을 이해해주는 모두의 공과 감"
> "공감이란 친구 사이에 없어서는 안되고, 다른 사람의 마음을 느끼면서 맞장구치는 것"

5. 주제 도입하기

- '우리들의 정의'를 바탕으로 주제와 연관하여 설명한다.
- 가장 좋아하는 음식, 가장 싫어하는 음식, 가장 기뻤을 때, 가장 슬펐을 때, 가장 화가 났을 때 등을 나눈다.
- 사람들 모두 좋아하는 것이나 싫어하는 것이 다른 것처럼 같은 상황에서 다른 감정을 가질 수 있음을 이야기한다.
- 다른 감정을 갖는 것은 당연한 것이며 이렇게 다양한 감정에 대해 우리는 서로 존중하고 인정해주어야 한다.

II. 전개

1. 주제 설명하기

- 공감이란 상대방의 느낌이나 생각을 깨닫고 이해한 뒤, 내가 이해한 느낌과 생각을 상대방이 알 수 있도록 다시 반응해주는 것이다.
- 사람들은 공감을 잘 하는 사람을 좋아한다.
- 내 감정이 무시당하면 기분이 나쁘듯 다른 사람들의 감정을 무시하거나 알아주지 않으면 다른 사람들도 나로 인해 더 기분이 상할 수 있다.
- 상대방의 기분이나 상태에 대한 존중없이 지적하거나 가르쳐주려고만하면 상대방은 화가 날 수 있다.
- 공감을 잘 하기 위해서 필요한 것이 무엇인지를 알아 볼 것이다.

2. 감정에 반응하기(공감하기)

- 공감을 하기 위해서는 다음의 네 가지를 잘 기억해야 한다.

1) '공감 사총사'

(1) 경청하기/관심있는 태도

(2) 반응하며 듣기(리액션)

  - 고개를 끄덕이기, "어" "응" 등 듣고 있다는 것을 상대방이 알 수 있도록 반응

(3) 입장 바꿔 생각하기

  - "내가 너라면~", "내 이야기라면~" 상대방 감정 생각해보기

(4) 적절한 말이나 행동으로 공감 표현하기

  - 친구의 감정을 생각하여 그 마음을 표현하기
  - 언어적 반응 – "대박!", "멋지다", "좋겠다", "부럽다", "화가 많이 났겠구나", "속이 상했겠구나", "기분이 굉장히 좋았겠구나", "헐" 등
  - 행동적 반응 - 혼자 있게 둔다, 옆에 있어 준다, 도움이 되는 행동을 한다 등

3. 시범 보이기

- 바른 예와 바르지 않은 예를 보이고 잘된 점과 그렇지 않은 점에 대해 발표한다.

짧은 극을 보여줄 거에요. 이것을 보고 그 느낌이나 생각을 말해 보세요.

진행교사: 선생님이 오늘 떠든다고 야단을 치시잖아. 나만 떠든 것도 아닌데...
보조교사: 네가 특히 많이 떠들잖아.
진행교사: 아니야, 넌 알지도 못하면서.
보조교사: 모르긴 뭘 몰라. 내가 다 봤는데, 너만 떠들더라.
진행교사: 그래, 너 잘났다.

친구(진행교사)의 마음이 어땠을까요?

진행교사: 선생님이 오늘 떠든다고 야단을 치시잖아. 나만 떠든 것도 아닌데...
보조교사: 다른 친구들도 떠들었는데, 너만 혼나서 억울하겠다.
진행교사: 어, 완전 기분 나빠.
보조교사: 어, 나도 전에 그런 적 있는데 기분 완전 나쁘긴 했었어. 사실 나도 좀 시끄럽게 떠들긴 했지만.
진행교사: (멋쩍은 듯 웃으며) 히히 맞아, 나도 근데 좀 많이 떠들긴 했어.

친구(진행교사)의 마음이 어땠을까요?
공감은 친구의 화난 마음도 풀어지게 합니다. 공감은 친구의 슬픈 마음을 위로해 줍니다.

- 교사들이 한 아동씩 나오도록 하여 '공감'의 상황과 '무시'의 상황을 경험하도록 한다.

4. 역할놀이

- 학생이 한 명씩 나와 교사와 짝을 이뤄 연습해 보며 공감에 대해 경험하게 한다.
- 상을 받아 기쁜 상황, 원하는 생일 선물을 받은 상황, 선생님한테 혼난 상황, 친구가 놀린 상황, 물건을 잃어버려 속상한 상황 등

5. 파워카드

- 카드의 캐릭터는 집단 구성원 중 한 명이 좋아하는 캐릭터로 만든다.
- 카드를 나눠주고 누가 좋아했던 캐릭터였는지 확인하며 서로의 관심사를 점검한다.
- 큰소리로 카드를 읽고 마무리한다.

♡ 공감하기	
따뜻한 친구는 공감을 잘 하는 친구!! • 공감 4총사 1. 경청하기/관심있는 태도 보이기 2. 친구 말/ 상황 이해하기 3. 입장 바꿔 생각하기 : "나라면...", "내 이야기라면, .." 4. 반응하기 : 내가 듣고 싶은 말, 반응 해주기	

Ⅲ. 정리

1. 돌아보기

1) 발표하기

• 새롭게 배운 점, 도움이 된 점, 자신 또는 다른 친구들을 칭찬할 점 등을 발표한다.

2) 일지쓰기

• 일지를 나눠주고 기록하도록 한다.

☞ '발표하기' 또는 '일지쓰기' 중 한 활동을 하여 정리한다.

2. 과제

1) 새로운 짝을 정해 '바른 대화 십계명'과 '전화통화 예절'을 생각하며 전화통화를 한다. 그날의 감정 상태나 특별한 감정에 대해 이야기하며 공감하기를 연습한다.

2) '감정 표현하기'와 '공감하기'를 부모님과 연습한다.

3. 자유시간

1) 간식을 나눠준다.

2) 약 10여 분간의 자유 시간을 제공한다. 단, 교실 밖으로는 나가지 않도록 한다.

따친모 8. 내 마음, 네 마음, 우리 마음

목 표 · 친구나 가족들의 감정을 이해하고 적절하게 반응하기(공감)를 연습한다.

준비물 이름표, 회기 참여일지, 감정 주사위, 게임 판(부록 첨부), 말, 선물(간단한 간식거리), 파워카드

단 계	활동 내용
도 입	🐾 인사하기 및 출석 확인 🐾 규칙 점검하기 🐾 과제 점검하기 – 지난 시간에 배운 내용을 확인한다. (파워카드 활용 가능) – 과제 발표: '전화예절'과 '대화 십계명'을 기억하며 통화를 했는지와 통화한 날의 친구들의 감정이 어땠는지, 공감하기 했는지를 중심 내용으로 과제 점검 🐾 주제 소개 및 주제 정의하기 – '공감게임'에 대해 소개한다. – 지난 회기 만들었던 '감정 표현'과 '공감'의 정의를 확인한다. 🐾 주제 도입하기 – 내 감정을 무시당한 경험과 내 감정이 존중받은 경험에 대해 나눈다. – 친구의 감정을 존중한 경험과 무시한 경험에 대해 나눈다.
전 개	🐾 주제 설명하기 – '공감'하기에 대해 연습할 것임을 이야기한다. – 공감 사총사를 확인한다. 🐾 게임 활동 – 감정주사위 게임을 실시한다.
정 리	🐾 돌아보기 – 이번 시간에 새롭게 배운 점, 도움이 된 점, 칭찬할 점 등을 발표하기 또는 일지에 기록하며 점검한다. 🐾 과제 나누기 – 이번 시간에 배운 것 '공감하기'를 부모님과 연습한다. – 집단 구성원 중 1인에게 전화하여 특별한 일이나 감정을 묻고 공감을 하고 칭찬을 주고받는다. 🐾 간식 및 자유놀이 – 간식을 먹으며 자유놀이하기

활동 지도안 8

Ⅰ. 도입

1. 인사하기 및 출석 확인

1) 이름표를 나눠주며 반갑게 인사한다.

2) 칠판에 구성원들의 이름을 적으며 출석을 확인한다.

- 칠판에 쓴 아동들의 이름 옆에 오늘의 기분에 대한 얼굴표정(☺,☻,☹)을 간략하게 그려 넣는다.
- 특별한 기분을 말할 경우 왜 그런 기분을 느꼈는지 묻고 다른 아동들에게 경청하도록 한다.
- 출석을 부른 후 출석에 대한 토큰을 준다.

2. 규칙 점검하기

- 규칙을 확인하며 하나씩 칠판에 적고 큰소리로 함께 읽는다.

① 경청하기

② 손들고 말하기

③ 존중하기(놀리거나 다른 사람을 비웃지 않기)

④ 신체접촉 조심하기(때리기, 차기, 밀기, 안기 등 하지 않기)

⑤ 위의 규칙을 모두 잘 지키기

3. 과제 점검하기

1) 전화통화하기

- 짝으로 정해준 아동들과 통화를 했는지 손을 들어 확인한다.
- '바른 대화 십계명'과 '전화통화 예절'을 잘 활용하며 대화했는지 확인한다.
- 통화한 친구가 당일 기분이 어땠는지 이유는 무엇인지 등을 확인한다.
- 친구들의 기분을 서로 묻고 공감표현을 하였는지 확인하는 것이 중요하다.

2) 가족 과제

- 아빠나 엄마, 가족들 간의 감정표현을 어떻게 했는지 발표한다.
- '감정표현하기'를 행동만으로 아닌 말로 잘 표현했는지를 확인하는 것과 '공감하기'를 했는지 확

인하는 것이 핵심이다.

- 과제 수행에 대해 칭찬하고 토큰을 제공한다.

4. 주제 소개 및 주제 정의하기

1) 지난 2회기 동안 배웠던 감정표현하기와 친구감정 들어주기(공감)를 재확인한다.

- 내 감정 표현하기

① 자신의 감정을 행동으로 보이는 것이 아니라 "왜 나의 기분이 이러한지에 대해" 이유와 감정 상태를 말로 표현하여 상대방에게 알 수 있도록 하는 것이다.

② "~~~~해서, 나는 지금 기분이~~~~~해."

③ 지금 현재 감정을 갖게 된 원인과 그 감정 상태에 대해 말로 표현할 수 있도록 한다.

④ 누구나 감정을 말로 표현하는 것은 쉽지 않은 일이므로 노력이 필요하다.

- 친구의 감정 공감하기

① 상대방의 감정, 생각에 대해 이해하고 그 마음에 맞게 반응해주는 것을 '공감'이라고 하며 공감을 잘 하는 친구를 사람들은 좋아한다.

② '공감 사총사'

  - 친구의 말에 경청하기/관심있는 태도보이기

  - 반응하며 듣기(리액션)

  - 입장바꿔 생각하기

  - 공감표현하기(맞장구치기)

    "아, 너는 _____때문에 기분이 _____구나, _____겠다"

    간단한 표현 "아~그랬구나, _____겠다"

II. 전개

1. 주제 설명하기

1) 공감주사위 게임을 실시하기 전 공감어를 연습한다.

진행교사 : 나는 우리 선생님이 정말 싫어. 맨날 나한테만 뭐라고 하고 나만 혼내.

보조교사 : 왜 그렇게 생각하니? 다 너를 위해서 그러는 거야. 네가 떠들기도 하잖아.

친구(교사)의 기분은 어땠을까요?

친구(교사)가 어떻게 반응해주면 좋을까요?

진행교사: 나는 우리 선생님이 정말 싫어. 맨날 나한테만 뭐라고 하고 나만 혼내.

보조교사: 선생님이 너만 혼내는 것 같아 화가 났구나.

친구(교사)의 기분은 어땠을까요?

진행교사: 나는 그냥 잘 못하는 것을 말했을 뿐인데 친구들이 그것을 갖고 막 놀려.

보조교사: 너도 나 놀렸잖아. 쌤통이다~~

친구(보조교사)의 기분은 어땠을까요?

친구(교사)가 어떻게 반응해주면 좋을까요?

진행교사: 나는 내가 잘 못하는 것을 말했을 뿐인데 친구들이 그것을 갖고 막 놀려.

보조교사: 친구들이 네 약점을 갖고 놀려서 기분이 상했구나. 화났겠다.

진행교사: 어, 사실 나도 재미로 친구들 약점 갖고 놀린 적 있었는데 이제부터는 그러지
말아야겠어. 굉장히 화나고 열 받는다.

보조교사: 그렇구나. 네가 경험해보니까 친구를 더 잘 이해하게 되었구나. 멋진데~

친구(교사)의 기분은 어땠을까요?

진행교사: 영빈아, 너 어제 왜 나한테 말도 안하고 상원이하고만 집에 가 버렸니? 난 이제
너랑 말도 안하고 안 놀거야.

보조교사: 그러든가.

친구의 감정은 어땠을까요? 친구는 왜 화가 났을까요? 어떻게 반응해주면 좋을까요?

진행교사: 나는 친구들이 같이 놀아주지 않아서 학교에 가기 싫어.

보조교사: 너 한테 문제가 있는 거 아냐?

친구의 감정은 어땠을까요? 어떻게 반응해주면 좋을까요?

2. 공감 주사위게임

1) 두 팀으로 나눈다.

2) 주사위를 던져 나온 감정에 대해 자신의 경험과 관련지어 표현한다.

    예) "화난" – 나는 친구가 나를 놀려서 화가 났었다.

      "기쁜" – 나는 어제 원하는 책을 엄마가 사 주셔서 기뻤다.

3) 친구가 표현한 감정에 대해 모두가 공감적 반응을 한다.

    예) 아, 친구가 놀려서 화가 났구나.

      와, 엄마가 책을 사주셔서 기뻤구나.

4) 구체적 표현 외에 "아~그렇구나, 그래서 화가 났구나"라는 간략한 표현에 대해 알려준다.

5) 감정 표현과 공감적 반응을 한 후 주사위에 나온 수만큼 말을 옮긴다.

6) 먼저 들어온 팀이 승리하며 두 개의 선물 중 승리 팀이 먼저 고를 수 있는 기회를 얻는다.

3. 파워카드

- 카드의 캐릭터는 집단 구성원 중 한 명이 좋아하는 캐릭터로 만든다.
- 카드를 나눠주고 누가 좋아했던 캐릭터였는지 확인하며 서로의 관심사를 한번 더 점검한다.
- 큰소리로 카드를 읽고 마무리한다.

내 마음, 네 마음, 우리 마음

♡내 마음 표현하기

　"나는 ＿＿＿ 때문에 ＿＿＿ 해"

　라고 말과 표정으로 이야기하여 상대방에게 내 마음을 전하자!

♥공감하기

　"응, 그렇구나! ＿＿＿ 하겠다"

　관심있는 태도로 상대방의 이야기를 경청하고 입장바꿔 생각하며
　마음을 알아주자!

III. 정리

1. 돌아보기

1) 발표하기

- 새롭게 배운 점, 도움이 된 점, 자신 또는 다른 친구들을 칭찬할 점 등을 발표한다.

2) 일지쓰기

- 일지를 나눠주고 기록하도록 한다.
  ☞ '발표하기' 또는 '일지쓰기' 중 한 활동을 하여 정리한다.

2. 과제

1) 새로운 짝을 정해 대화 십계명과 바른 전화예절을 생각하며 전화통화를 하여 그날의 감정 상태나 특별한 감정에 대해 이야기하며 공감하기를 연습한다.

2) '감정 표현하기'와 '공감하기'를 부모님과 연습한다.

3. 자유시간

1) 간식을 나눠준다.

2) 약 10여 분간의 자유 시간을 제공한다. 단, 교실 밖으로는 나가지 않도록 한다.

따친모 9. 칭찬 주고받기

목 표	· 칭찬을 주고받는 대화기술을 안다. · 칭찬을 주고받으며 서로의 감정을 표현하고 공감한다.
준비물	이름표, 활동일지, 펜, 파워카드

단 계	활 동 내 용

도 입	🐷 인사하기 및 출석 확인
	
	🐷 규칙 점검하기
	
	🐷 과제 점검하기
	– 지난 시간에 배운 내용을 확인한다. (파워카드 활용 가능)
	– 과제 발표: '전화예절'과 '대화 십계명'을 기억하며 통화를 했는지와 통화한 날의 친구들의 감정이 어땠는지, 공감하기 했는지를 중심 내용으로 과제 점검
	
	🐷 주제 소개 및 주제 정의하기
	– 오늘의 주제 '칭찬 주고받기'를 소개한다.
	– '칭찬'에 대한 우리들만의 정의를 내린다.
	
	🐷 주제 도입하기
	– 진행교사는 아동들이 내린 정의와 주제를 연관하여 이야기를 이끌어간다.
	
	    Q. 최근 칭찬을 받은 적이 있는가?
	    Q. 칭찬을 받았을 때의 기분은 어떠한가?
	    Q. 칭찬은 왜 중요할까?

전 개	🐷 주제 설명하기 1. 칭찬하는 방법 1) 상대방의 얼굴과 눈을 쳐다보며 밝은 얼굴과 목소리로 2) 명확하고 구체적으로 칭찬하기 3) 말로 칭찬하기 4) 행동으로 칭찬하기

2. 칭찬받는 방법

1) 상대방의 얼굴과 눈을 쳐다보며 밝은 얼굴과 목소리로

2) "고마워"라고 말하며 겸손한 태도 갖기

※ 주의사항! 지나친 칭찬은 피한다. 놀림이 될 수 있다.

이 때에도 "이오삼스"규칙을 사용한다.

※ 처음은 칭찬, 두 번째는 강조, 세 번째는 스토커 임을 설명한다.

전 개	🐾 **시범 보이기** – 진행교사는 보조교사와 함께 '칭찬하기/칭찬받기'에 대한 시범을 보인다. – 바른 시범과 바르지 않은 시범을 보인다. – 바르지 않은 시범에서는 무엇이 잘못되었는지를 확인한다. 🐾 **역할놀이** – 자신의 장점 3가지, 친구의 장점 3가지를 찾아서 적어보고, 두 명씩 짝을 지어 서로의 장점을 칭찬하고 고마움의 표현을 해본다. – 역할수행에 대해 구체적으로 피드백을 준다. 🐾 **파워카드** – 오늘의 주제에 대해 요약한 파워카드를 준다. – 모두 큰 소리로 파워카드를 읽는다.
정 리	🐾 **돌아보기** – 이번 시간에 새롭게 배운 점, 도움이 된 점, 칭찬할 점 등을 발표하기 또는 일지에 기록하며 점검한다. 🐾 **과제 나누기** – 이번 시간에 배운 것 '칭찬 주고받기'를 부모님과 연습한다. – 집단 구성원 중 1인에게 전화하여 특별한 일이나 감정을 묻고 공감을 하고 칭찬을 주고받는다. 🐾 **간식 및 자유놀이** – 간식을 먹으며 자유놀이하기

Part 3. 프로그램의 실제
: 우리는 따친모예요~!!

활동 지도안 9

Ⅰ. 도입

1. 인사하기 및 출석 확인

1) 이름표를 나눠주며 반갑게 인사한다.

2) 칠판에 구성원들의 이름을 적으며 출석을 확인한다.

- 칠판에 쓴 아동들의 이름 옆에 오늘의 기분에 대한 얼굴표정(☺, ☺, ☹)을 간략하게 그려 넣는다.
- 특별한 기분을 말할 경우 왜 그런 기분을 느꼈는지 묻고 다른 아동들에게 경청하도록 한다.
- 친구들의 기분에 대해 공감한다.
- 출석을 부른 후 출석에 대한 토큰을 준다.

2. 규칙 점검하기

1) 규칙을 확인하며 하나씩 칠판에 적고 큰소리로 함께 읽는다.

① 경청하기

② 손들고 말하기

③ 존중하기(놀리거나 다른 사람을 비웃지 않기)

④ 신체접촉 조심하기(때리기, 차기, 밀기, 안기 등 하지 않기)

⑤ 위의 규칙을 모두 잘 지키기

3. 과제 점검하기

1) 전화통화하기

- 짝으로 정해준 아동들과 통화를 했는지 손을 들어 확인한다.
- '바른 대화 십계명'과 '전화통화 예절'을 잘 활용하며 대화했는지 확인한다.
- 통화한 친구가 당일 기분이 어땠는지, 이유는 무엇인지, 어떻게 공감을 표현했는지 확인한다.

2) 가족 과제

- 아빠나 엄마, 가족들 간의 감정표현과 공감을 어떻게 했는지 발표한다.
- '감정표현하기'를 행동만으로 아닌 말로 잘 표현했는지를 확인하는 것과 '공감하기'를 했는지 확

인하는 것이 핵심이다.

• 과제 수행에 대해 칭찬하고 토큰을 제공한다.

4. 주제 소개 및 주제 정의하기

1) 오늘의 주제 '칭찬 주고받기'에 대해 소개한다.

2) 주제 정의하기

(1) "칭찬"은 무엇인지, 어떻게 해야 하는지 등에 대한 각자의 의견을 발표하며 주제 정의하기를 한다.

(2) 보조교사는 아동들이 발표하는 내용을 모두 칠판에 적는다.

(3) 전체 아동들의 의견을 수렴하여 주제와 연관성을 확인하고 줄여 나간다.

☞ 주제와 연관성을 다수결 또는 O, X의 수 등 다양한 방법으로 정할 수 있다.

(4) 교사가 주도하여 정의를 내리거나 학생이 정의를 내릴 수 있게 기회를 준다.

(5) 정의가 정리되면 모두 큰 소리로 읽는다.

따친모 Episode '칭찬'우리들만의 정의

"칭찬이란, 상대방의 기분을 좋게 만들고, 긍정에너지를 발산하게 해주며, 뇌를 활성화시키는 것이고 신진대사를 촉진시키기 위해 격려와 위로를 말로 하고 공동체에서 없으면 이끌어나가기 힘든 것"

"칭찬이란 상대의 좋은 점, 잘 하는 점을 말해서 기분 좋게 말해서 친구를 사귀는 방법"

"잘 하는 것과 좋은 점에 대해 성취감을 느낄 수 있도록 '열심히 하는구나'라고 말로 하는 것이며 기분이 좋아지고 친구와 사이좋게 지내는 방법"

5. 주제 도입하기

• '우리들의 정의'를 바탕으로 주제와 연관하여 설명한다.

• 최근 칭찬을 받은 경험에 대해 나눈다.

• 칭찬을 받았을 때의 기분에 대해 나눈다.

• 칭찬을 해본 경험과 그때의 기분에 대해 나눈다.

• 칭찬의 중요성에 대해 나눈다.

Ⅱ. 전개

1. 주제 설명하기

- 칭찬은 받는 사람도 기분 좋게 만들지만 칭찬을 하는 사람도 기분이 좋아진다.
- 칭찬을 하기 위해서도 규칙이 있다.

2. 칭찬

1) 칭찬하기

⑴ 상대방의 얼굴과 눈을 쳐다보며 밝은 얼굴과 목소리로

⑵ 명확하고 정확하게 칭찬하기

⑶ 말로 칭찬하기

- 멋지다, 대단한데, 최고야, 대박이야 등
- 성적이 많이 올랐구나, 혼자서도 할 수 있구나, 네 생각을 잘 말하는구나 등
- 역시 넌 내 베프야(절친이야), 네가 있어서 다행이야, 네가 있어서 참 좋다 등

⑷ 행동으로 칭찬하기

- 미소지으며 고개 끄덕이기, 엄지 올리기, 하이파이브 등

2) 칭찬받기

⑴ 상대방의 얼굴과 눈을 쳐다보며 밝은 얼굴과 목소리로

⑵ "고마워"라고 말하며 겸손한 태도 갖기

3) 주의사항!!

- 지나친 칭찬은 피한다. 친구를 놀리는 것 같은 기분을 줄 수 있다.
- 이오삼스 규칙!!!!
- 처음은 칭찬, 두 번째는 강조, 세 번째는 스토커

3. 시범 보이기

- 진행교사는 보조교사와 함께 '칭찬하기/칭찬받기'에 대한 시범을 보인다.
- 바른 시범과 바르지 않은 시범을 보인다.

바르지 않은 예

진행교사 : 와, 너 혼자 이걸 다 만든거니? 혼자서도 멋지게 잘 만드는구나. 훌륭하다.

보조교사 : (얼핏 쳐다보고 다른 곳을 보며 잘난 척 하듯)어, 내가 좀 훌륭해. 넌 이제 알았니?

무엇이 잘못되었나요?

칭찬한 친구(교사)의 기분은 어떨까요?

어떻게 반응하면 좋을까요?(한명의 아동을 불러 재연한다. 나오지 않고 그 자리에서 해도 된다.)

또 다른 예를 보세요.

바르지 않은 예

진행교사 : 와, 너 혼자 이걸 다 만든거니? 혼자서도 멋지게 잘 만드는구나. 역시 내 친구다.

보조교사 : (기분 나쁘다는 듯이 바라보며)내가 왜 네 친구야? 난 너랑 친구하기 싫은데.

무엇이 잘못되었나요?

칭찬한 친구(교사)의 기분은 어떨까요?

어떻게 반응하면 좋을까요?(한명의 아동을 불러 재연한다. 나오지 않고 그 자리에서 해도 된다.)

바르지 않은 예

진행교사 : (상장을 들고 웃으며 행복해한다.)

보조교사 : 뭐야?

진행교사 : 나 학교에서 친구들을 잘 도와주는 학생으로 뽑혀서"따뜻한 친구"상 받았어~

보조교사 : 오~~~~~따뜻한 친구~~멋지다!!따뜻한 친구, 어이 따뜻한 친구~~ 따뜻한 친구 나 좀 따뜻하게 해줘봐~~~ 야~~ 따뜻한 친구!!! 어디가 따뜻한 친구!!!

무엇이 잘못되었나요?

칭찬받는 친구(교사)의 기분은 어떨까요?

어떻게 반응하면 좋을까요?(한명의 아동을 불러 재연한다. 나오지 않고 그 자리에서 해도 된다.)

바르지 않은 예

진행교사 : 와, 너 옷 샀어? 멋지다, 잘 어울리는데.

보조교사 : (무관심하게) 어…

무엇이 잘못되었나요?

칭찬한 친구(교사)의 기분은 어떨까요?

어떻게 반응하면 좋을까요?(한명의 아동을 불러 재연한다. 나오지 않고 그 자리에서 해도 된다.)

진행교사: 와, 너 혼자 이걸 다 만든거니? 혼자서도 멋지게 잘 만드는구나. 훌륭하다.

보조교사: (마주보고 웃으며)어, 네가 잘 했다고 말해주니까 기분이 좋은데, 고마워.

잘못된 점이 있나요?

잘한 사람(보조교사)을 누가 한번 칭찬해 줄까요?

진행교사: 와, 너 혼자 이걸 다 만든거니? 혼자서도 멋지게 잘 만드는구나. 역시 내 친구다.

보조교사: (마주보고 웃으며 손을 내밀어 하이파이브를 요청하며)어, 고마워.

잘못된 점이 있나요?

잘한 사람(보조교사)을 누가 한번 칭찬해 줄까요?

진행교사: 와, 너 옷 샀어? 멋지다, 잘 어울리는데.

보조교사: (옷을 한번 보고 친구의 얼굴을 웃으며 바라보며)엄마가 사주셨어. 잘 어울려?

진행교사: (엄지손가락을 들어올리며) 어 완전!!대박!!

보조교사: (활짝 웃으며) 고마워~역시 내 친구다!!

잘못된 점이 있나요?

잘한 사람(보조교사)을 누가 한번 칭찬해 줄까요?

4. 역할놀이

1) 자신의 장점 3가지, 친구의 장점 3가지를 찾아서 적어본다.

2) 두 명씩 짝을 지어 서로의 장점을 칭찬하고 고마움의 표현을 해본다.

3) 아동의 역할수행에 대해 구체적으로 피드백을 준다.

☞ 짝을 유의하여 정하고 둘이 서로 찾아내는 것이 어렵다면 구성원 모두가 함께 각 학생별로 장점을 나눈 후 개별 활동을 할 수 있다.

5. 파워카드

- 카드의 캐릭터는 집단 구성원 중 한 명이 좋아하는 캐릭터로 만든다.

- 카드를 나눠주고 누가 좋아했던 캐릭터였는지 확인하며 서로의 관심사를 한번 더 점검한다.

• 큰소리로 카드를 읽고 마무리한다.

칭찬하기/ 칭찬받기	
1. 칭찬하기 ♤ 상대방의 얼굴과 눈을 쳐다보며 ♤ 밝은 얼굴과 목소리로 구체적으로 칭찬하기 ♤ 말로 칭찬하기 : 멋지다, 잘했어 등 ♤ 행동으로 칭찬하기 :엄지 올리기 등 2. 칭찬받기 ♠ 상대방의 얼굴과 눈을 쳐다보며 ♠ 밝은 얼굴과 목소리로 ♠ "고마워"라고 말하며 겸손한 태도 갖기 ※ 주의사항! 반복적으로 지나친 칭찬은 피한다. 이오삼스 규칙!!	

Ⅲ. 정리

1. 돌아보기

1) 발표하기

• 새롭게 배운 점, 도움이 된 점, 자신 또는 다른 친구들을 칭찬할 점 등을 발표한다.

2) 일지쓰기

• 일지를 나눠주고 기록하도록 한다.

☞ '발표하기' 또는 '일지쓰기' 중 한 활동을 하여 정리한다.

2. 과제

1) 새로운 짝을 정해 대화 십계명과 바른 전화예절을 생각하며 전화통화를 한다. 그날의 감정 상태나 특별한 감정에 대해 이야기하며 공감하기를 연습한다.

2) 통화를 하며 칭찬받은 것이 있는지 이야기나눈다.

3) '감정 표현하기'와 '공감하기', '칭찬주고받기'를 부모님과 연습한다.

3. 자유시간

1) 간식을 나눠준다.

2) 약 10여 분간의 자유 시간을 제공한다. 단, 교실 밖으로는 나가지 않도록 한다.

따친모 10. 도움 주고받기

목 표 · 물건을 빌리거나 도움을 청할 때 바람직한 태도를 익히고 실천할 수 있다.

준비물 이름표, 활동일지, 펜, 파워카드

단 계	활동 내용
	🐾 인사하기 및 출석 확인
	🐾 규칙 점검하기
	🐾 과제 점검하기
	– 지난 시간에 배운 내용을 확인한다. (파워카드 활용 가능)
	– 과제 발표: '전화예절'과 '대화 십계명'을 기억하며 통화를 했는지와 통화한 날의
	친구들의 감정이 어땠는지를 중심 내용으로 과제 점검
	– 칭찬을 하거나 받은 내용에 대해 나눔
도 입	🐾 주제 소개 및 주제 정의하기
	– 오늘의 주제 '도움 주고받기'를 소개한다.
	– '도움'에 대한 우리들만의 정의를 내린다.
	🐾 주제 도입하기
	– 진행교사는 아동들이 내린 정의와 주제를 연관하여 이야기를 이끌어간다.
	Q. 최근 도움을 받은 경험이 있는가?
	– 도움을 받았을 때/그렇지 못했을 때의 기분에 대해 나눈다.
	Q. 최근 도움을 준 경험이 있는가?
	– 도움의 중요성에 대해 나눈다.
전 개	🐾 주제 설명하기
	– 아동들이 내린 정의와 관련하여 도움에 대해 설명한다.
	1. 도움 청하는 방법
	1) 도움을 줄 수 있는 대상 확인 : 친구, 부모님, 선생님 등
	2) 눈을 바라보며 부드럽고 분명하게 구체적으로 요청하기
	예) "OO야, 지우개가 없어서 그러는데 미안하지만 지우개 좀 빌려줄래?"
	"엄마, 저 **가 필요해서 그러는데 **좀 해주세요."
	"OO야, 나 무거워서 그러는데 좀 도와줘, 같이 들어줄 수 있을까?"
	3) 대답을 기다린다. 두 가지의 답이 나올 수 있다.
	① 도움을 들어주는 경우
	② 도움을 거절하는 경우
	: 상대방이 도움을 거절한다 해도 이를 받아들여야 한다.
	: 거절한다고 해서 싫어하거나 나빠서가 아니라 상황이 안 될 수 있다.
	: 이 때는 다시 한번 묻는다. "진짜 안돼?" – 이오삼스 규칙!!

　① 도움을 들어주는 경우

　　　: 도움에 고맙다는 인사를 한다.

　　　: 깨끗이 사용하고 "고마워"란 말과 함께 돌려준다.

　② 도움을 거절하는 경우

　　　: 수용한다. "알겠어" 또는 고개만 간단하게 끄덕이고 다른 대안을 찾는다.

　5) 이오삼스 규칙

　① 부탁이나 도움은 반드시 들어줘야 하는 것은 아니다!

　② 들어줄 수 있는 경우에는 OK, 그렇지 않을 경우에는 NO 할 수 있다.

　③ 친구도 내 부탁을 들어 줄 수도 거절할 수도 있다.

　④ 부탁은 두 번만!!

　⑤ 어떻게 거절하면 좋을까요?

　⑥ 거절도 부드럽게!! "안될 거 같아, 미안해" 등

전 개

🐷 시범 보이기

　– 진행교사는 보조교사와 함께 '관심사 알아보기'에 대한 시범을 보인다.

　– 바른 예와 바르지 않은 예를 보여준다.

　– 바르지 않은 예에서는 무엇이 잘못되었는지를 확인한다.

🐷 역할놀이

　– 도움 청할 상황을 제시하고 짝을 지어 시행한다.

　– 아동들의 역할수행에 대해 구체적으로 피드백을 준다.

🐷 역할놀이

　– 역할수행에 대해 구체적으로 피드백을 준다.

🐷 파워카드

　– 오늘의 주제에 대해 요약한 파워카드를 준다.

　– 모두 큰 소리로 파워카드를 읽는다.

🐷 돌아보기

　– 이번 시간에 새롭게 배운 점, 도움이 된 점, 칭찬할 점 등을 발표하기 또는 일지
　　에 기록하며 점검한다.

정 리

🐷 과제 나누기

　– 집단 구성원 중 1인에게 전화하여 서로의 관심사를 알아온다.

　– 칭찬 일기 작성 : 칭찬 노트를(아동용, 부모용) 준비하여 하루에 하나 이상 서로
　　　　에게 칭찬을 하고 그 내용을 적는다.

🐷 간식 및 자유놀이

　– 간식을 먹으며 자유놀이하기

활동 지도안 10

Ⅰ. 도입

1. 인사하기 및 출석 확인

1) 이름표를 나눠주며 반갑게 인사한다.

2) 칠판에 구성원들의 이름을 적으며 출석을 확인한다.

- 칠판에 쓴 아동들의 이름 옆에 오늘의 기분에 대한 얼굴표정(☺,☺,☹)을 간략하게 그려 넣는다.
- 특별한 기분을 말할 경우 왜 그런 기분을 느꼈는지 묻고 다른 아동들에게 경청하도록 한다.
- 친구들의 기분에 대해 공감한다.
- 출석을 부른 후 출석에 대한 토큰을 준다.

2. 규칙 점검하기

1) 규칙을 확인하며 하나씩 칠판에 적고 큰소리로 함께 읽는다.

① 경청하기

② 손들고 말하기

③ 존중하기(놀리거나 다른 사람을 비웃지 않기)

④ 신체접촉 조심하기(때리기, 차기, 밀기, 안기 등 하지 않기)

⑤ 위의 규칙을 모두 잘 지키기

3. 과제 점검하기

1) 전화통화하기

- 짝으로 정해준 아동들과 통화를 했는지 손을 들어 확인한다.
- '바른 대화 십계명'과 '전화통화 예절'을 잘 활용하며 대화했는지 확인한다.
- 통화한 친구가 당일 기분이 어땠는지 이유는 무엇인지, 어떻게 공감을 표현했는지 확인한다.

2) 가족 과제

- 아빠나 엄마, 가족들 간의 감정표현과 공감을 어떻게 했는지 발표한다.

- '감정표현하기'를 행동만으로 아닌 말로 잘 표현했는지를 확인하는 것과 '공감하기'를 했는지 확인하는 것이 핵심이다.
- 부모님께 칭찬 받은 일, 부모님께 칭찬을 드린 일을 발표한다.
- 칭찬을 잘 실행하고 발표한 친구에게 칭찬자격증을 준다.
- 과제 수행에 대해 칭찬하고 토큰을 제공한다.

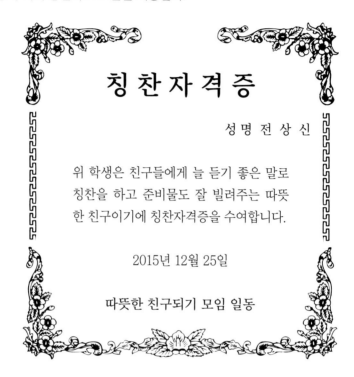

4. 주제 소개 및 주제 정의하기

1) 오늘의 주제 '도움 주고받기' 에 대해 소개한다.

2) 주제 정의하기

(1) "도움"은 무엇인지 어떻게 해야 하는지 등에 대한 각자의 의견을 발표하며 주제 정의하기를 한다.

(2) 보조교사는 아동들이 발표하는 내용을 모두 칠판에 적는다.

(3) 전체 아동들의 의견을 수렴하여 주제와 연관성을 확인하고 줄여 나간다.

☞ 주제와 연관성을 다수결 또는 O, X의 수 등 다양한 방법으로 정할 수 있다.

(4) 교사가 주도하여 정의를 내리거나 학생이 정의를 내릴 수 있게 기회를 준다.

(5) 정의가 정리되면 모두 큰 소리로 읽는다.

따친모 Episode '도움'우리들만의 정의

"도움이란 상대방을 도와주기가 있고 나 자신이 상대방에게 도움을 받는 것도 있다. 그리고 그것은 언제나 함께 있다."

"도움이란 어려운 일이나 힘들 때 같이 일해주고 도와달라고 청할 때 도와주는 것"

"도움이란 상대가 하는 행동을 좀 더 쉽게 할 수 있도록 배려하는 것"

"도움이란 한마디로 SOS~! 한사람이 물리적, 정신적으로 힘이 들 때 다른 사람이 도와주는 것으로 슬픔과 기쁨을 나누고 포기하려할 때 포기하지 않고 할 수 있도록 해주어 새로운 마음이 들게 하는 것"

5. 주제 도입하기

- '우리들의 정의'를 바탕으로 주제와 연관하여 설명한다.
- 최근 도움을 받은 경험에 대해 나눈다.
- 도움을 받았을 때의 기분에 대해 나눈다.
- 도움을 준 경험과 그때의 기분에 대해 나눈다.
- 도움의 중요성에 대해 이야기한다.

II. 전개

1. 주제 설명하기

- 도움은 받는 사람도 기분 좋게 만들지만 도움을 주는 사람도 보람되고 기분 좋게 한다.
- 도움은 내가 일방적으로 주는 것이 아니라 도움이 필요한 사람에게 도움이 될 수 있는 것을 주는 것이 중요하다.

2. 도움청하기와 도움주기

1) 도움청하기

- 아동 혼자 무거운 물건을 가져오게 한다.
- 아동 둘에게 무거운 물건을 가져오게 한다.
- 아동 셋이 무거운 물건을 가져오게 한다.

  Q. 도움이 필요한 상황에서 돕는 입장과 도움을 받는 입장의 느낌은 어떤가요?

  Q. 친구가 말도 없이 자신의 물건을 가지고 간다면 어떨까요?

  Q. 빌린 물건을 함부로 쓰거나 돌려주지 않는다면 어떨까요?

Part 3. 프로그램의 실제 : 우리는 따친모에요~!!

(1) 도움을 받을 수 있는 대상 확인

- 친구, 부모님, 선생님 등

(2) 눈을 바라보며 부드럽고 분명하게 구체적으로 요청하기

- "미안하지만, ~을 빌려줄래/빌릴 수 있을까?"
- "미안하지만, ~좀 도와줄래/도와 줄 수 있을까?"
- "OO야, 지우개가 없어서 그러는데 미안하지만 지우개 좀 빌려줄래?"
- "엄마, 저 **가 필요해서 그러는데 **좀 해주세요."
- "OO야, 나 무거워서 그러는데 좀 도와줘, 같이 들어줄 수 있을까?"

(3) 대답을 기다린다. 두 가지의 답이 나올 수 있다.

① 도움을 들어주는 경우

② 도움을 거절하는 경우

- 상대방이 도움을 거절한다 해도 이를 받아들여야 한다.
- 거절한다고 해서 싫어하거나 나빠서가 아니라 상황이 안 될 수 있다.
- 한번 더 묻는다. "진짜 안돼?"

(4) 상대방의 대답에 대해 적절하게 반응한다.

① 도움을 들어주는 경우

- 도움에 고맙다는 인사를 한다.
- 물건을 빌린 경우 깨끗이 사용하고 "고마워"란 말과 함께 돌려준다.

② 도움을 거절하는 경우

- 수용한다. 쿨하게 인정한다.
- "알겠어" 또는 고개만 간단하게 끄덕이고 다른 대안을 찾는다.

(5) '이오삼스'규칙

① 상대방의 부탁이나 도움을 반드시 들어줘야 하는 것은 아니다!

② 들어줄 수 있는 경우에는 OK, 그렇지 않을 경우에는 NO 할 수 있다.

③ 친구도 내 부탁을 들어 줄 수도 거절할 수도 있다.

④ 나도 친구의 부탁을 들어 줄 수도 있고 거절할 수도 있다.

⑤ 부탁도 딱 두 번만!!

2) 도움주기와 거절하기

(1) 도움주기 : 친구의 요청에 도움을 줄 수 있으면 친구의 요구대로 해주면 된다.

(2) 거절하기 : 거절은 구체적으로 이유를 말하고 부드럽게!!

　　"나도 써야 해서 안 될 거 같아, 미안"

　　"나도 조금밖에 없어서 안 될 거 같아, 미안"

　　"안될 거 같아, 미안해" 등

2. 시범 보이기

- 적절한 시범과 부적절한 시범을 보이고 이야기 나눈다.

이제부터 선생님들이 시범을 보일 거에요. 잘보고 무엇이 잘못되었는지, 잘되었는지 이야기해주세요.

바르지않은예

진행교사 : (웃으며 다가가서) 연지야~

보조교사 : (밝게 바라보며) 어.

진행교사 : 나 풀을 안 가져 와서. 미안한데 풀 좀 빌려줄래?

보조교사 : 여기 있어.

진행교사 : 어, 고마워(쓰고 돌려주지 않는다. 풀이 굴러 떨어진다.)

보조교사 : (다소 짜증이 난 목소리로) 내 풀 언제 줄 거야?

진행교사 : (당황해하며) 어, 어디 갔지?

어떤가요?

무엇이 잘못되었나요?

친구(보조교사)의 기분은 어떨까요?

다음 것을 보세요.

바른예

진행교사 : (웃으며 다가가서) 연지야~

보조교사 : (밝게 바라보며) 어.

진행교사 : 나 풀을 안 가져 와서. 미안한데 풀 좀 빌려줄래?

보조교사 : 여기 있어.

진행교사 : 어, 고마워 (필요한 부분에 쓰고 바로 돌려주며)잘 썼어, 고마워.

어떤가요?

친구(보조교사)의 기분은 어떨까요?

어떤 점을 칭찬해줄 수 있을까요?

3. 역할놀이

- 도움을 제공해야 할 상황을 제공하고 아동들에게 역할극을 하도록 한 후 교사와 보조교사는 피드백을 한다.

4. 파워카드

- 카드의 캐릭터는 집단 구성원 중 한 명이 좋아하는 캐릭터로 만든다.
- 카드를 나눠주고 누가 좋아했던 캐릭터였는지 확인하며 서로의 관심사를 한번 더 점검한다.
- 큰소리로 카드를 읽고 마무리한다.

도움 청하기 "~해 줄래?"	
도움 청하기 1. 도움을 청할 대상 찾기 2. 눈을 바라보며 부드럽고 분명하게 구체적으로 요청하기 3. 대답을 기다린다. ♤ 도와주면 "고마워"라고 말한다. ♤ 거절할 수도 있다. 멋지게 오케이~ * 물건은 소중하게 사용하고 돌려준다. ＊이오삼스 규칙!!!	

III. 정리

1. 돌아보기

1) 발표하기

- 새롭게 배운 점, 도움이 된 점, 자신 또는 다른 친구들을 칭찬할 점 등을 발표한다.

2) 일지쓰기

- 일지를 나눠주고 기록하도록 한다.

  ☞ '발표하기' 또는 '일지쓰기' 중 한 활동을 하여 정리한다.

2. 과제

1) 새로운 짝을 정해 대화 십계명과 바른 전화예절을 생각하며 전화통화를 한다. 그날의 감정 상태나 특별한 감정에 대해 이야기하며 공감하기를 연습한다.

2) 통화를 하며 칭찬받은 것이 있는지 이야기 나눈다.

3) '감정 표현하기'와 '공감하기', '칭찬주고받기'를 부모님과 연습한다.

4) 부모님을 도와주거나 부모님에게 도움을 청해본다.

3. 자유시간

1) 간식을 나눠준다.

2) 약 10여 분간의 자유 시간을 제공한다. 단, 교실 밖으로는 나가지 않도록 한다.

3. 함께 놀아요

따친모 11. 주장 조절하기

목 표　· 각 주장의 장단점을 비교하고 최선의 해결책을 선택할 수 있다.

준비물　이름표, 활동일지, 펜, 파워카드

단 계	활동 내용
도 입	🐨 인사하기 및 출석 확인 🐨 규칙 점검하기 🐨 과제 점검하기 　– 지난 시간에 배운 내용을 확인한다. (파워카드 활용 가능) 　– 과제 발표: '전화예절'과 '대화 십계명'을 기억하며 통화를 했는지와 통화한 날의 　　　　　　　친구들의 감정이 어땠는지를 중심 내용으로 과제 점검 　– 칭찬을 하거나 받은 내용에 대해 점검 　– 도움을 제공하거나 도움을 받은 것에 대해 점검 🐨 주제 소개 및 주제 정의하기 　– 오늘의 주제 '주장 조절하기'를 소개한다. 　– '주장 조절하기'에 대한 우리들만의 정의를 내린다. 🐨 주제 도입하기 　Q. 친구와 최근 자신의 방법만을 고집하다가 갈등을 경험한 일이 있는가? 　Q. 어떻게 정리하였는가? 　Q. 엄마나 가족에게 자기 주장을 하다가 혼이 난 일이 있는가? 　Q. 어떻게 정리하였는가?
전 개	🐨 주제 설명하기 　– 자신의 주장만을 계속하여 고집하게 되면 문제는 해결 되지 않고 싸움이 일어날 　　수도 있다. 　1. 주장 조절하기 규칙 　　1) 내가 생각하는 주장에 대해 구체적으로 이야기한다. 　　2) 상대방의 주장에 대해 경청한다. 　　3) 가장 올바른 해결 방법을 찾아보도록 해야 한다. 　2. 주장 조절 방법은 3가지가 있으며 방법에 따라 3가지 결과가 있다. 　　1) 두 사람 다 패배하는 것(패배–패배) 　　2) 한 사람은 이기고 한 사람은 지는 것(패배–승리) 　　3) 두 사람 다 이기는 것(승리–승리) : 가장 바람직한 주장 조절방법

3. 두 사람 다 이기는 방법
    1) 두 가지 일을 모두 하는 방법
    2) 한 번은 친구가 원하는 것을 하고 다음에는 내가 원하는 것을 하는 방법
    3) 양쪽이 원하는 것의 일부분을 조절하는 방법
    4) 완전히 다른 것을 하는 방법

전 개

🐨 **시범 보이기**
    – 바른 시범과 바르지 않은 시범을 보인다.
    – 바르지 않은 시범에 대해서는 무엇이 잘못되었는지를 확인한다.

🐨 **역할놀이**
    – 아동들의 역할수행에 대해 구체적으로 피드백을 준다.

🐨 **파워카드**
    – 오늘의 주제에 대해 요약한 파워카드를 준다.
    – 모두 큰 소리로 파워카드를 읽는다.

정 리

🐨 **돌아보기**
    – 이번 시간에 새롭게 배운 점, 도움이 된 점, 칭찬할 점 등을 발표하기 또는 일지에 기록하며 점검한다.

🐨 **과제 나누기**
    – 집단 구성원 외의 친구(친척도 좋음)와의 전화를 시도한다.
    – 칭찬 일기 작성 : 칭찬 노트를(아동용, 부모용) 준비하여 하루에 하나 이상씩 서로에게 칭찬을 하고 그 내용을 적어오도록 한다.
    – 도움주기/도움받기 경험에 대해 적어오도록 한다.
    – '주장 조절하기' 상황을 만들어 연습한다.

🐨 **간식 및 자유놀이**
    – 간식을 먹으며 자유놀이하기

활동 지도안 11

Ⅰ. 도입

1. 인사하기 및 출석 확인

1) 이름표를 나눠주며 반갑게 인사한다.

2) 칠판에 구성원들의 이름을 적으며 출석을 확인한다.

- 칠판에 쓴 아동들의 이름 옆에 오늘의 기분에 대한 얼굴표정(☺, ☺, ☹)을 간략하게 그려 넣는다.
- 특별한 기분을 말할 경우 왜 그런 기분을 느꼈는지 묻고 다른 아동들에게 경청하도록 한다.
- 친구들의 기분에 대해 공감한다.
- 출석을 부른 후 출석에 대한 토큰을 준다.

2. 규칙 점검하기

1) 규칙을 확인하며 하나씩 칠판에 적고 큰소리로 함께 읽는다.

① 경청하기
② 손들고 말하기
③ 존중하기(놀리거나 다른 사람을 비웃지 않기)
④ 신체접촉 조심하기(때리기, 차기, 밀기, 안기 등 하지 않기)
⑤ 위의 규칙을 모두 잘 지키기

3. 과제 점검하기

1) 전화통화하기

- 짝으로 정해준 아동들과 통화를 했는지 손을 들어 확인한다.
- '바른 대화 십계명'과 '전화통화 예절'을 잘 활용하며 대화했는지 확인한다.
- 통화한 친구가 당일 기분이 어땠는지 이유는 무엇인지 등을 확인한다.
- 칭찬, 도움의 경험에 대해 확인한다.

2) 가족 과제

- 아빠나 엄마, 가족들 간의 감정표현과 공감을 어떻게 했는지 발표한다.
- '감정표현하기'를 행동만으로 아닌 말로 잘 표현했는지를 확인하는 것과 '공감하기'를 했는지 확인하는 것이 핵심이다.
- 부모님께 칭찬 받은 일, 부모님께 칭찬을 드린 일을 발표한다.
- 부모님께 도움을 드린 일, 도움을 받은 일에 대해 발표한다.
- 과제 수행에 대해 칭찬하고 토큰을 제공한다.

4. 주제 소개 및 주제 정의하기

1) 오늘의 주제 '주장 조절하기'에 대해 소개한다.

2) 주제 정의하기

(1) "주장"은 무엇인지 어떻게 해야 하는지 등에 대한 각자의 의견을 발표하며 주제 정의하기를 한다.

(2) 보조교사는 아동들이 발표하는 내용을 모두 칠판에 적는다.

(3) 전체 아동들의 의견을 수렴하여 주제와 연관성을 확인하고 줄여 나간다.

☞ 주제와 연관성을 다수결 또는 O, X의 수 등 다양한 방법으로 정할 수 있다.

(4) 교사가 주도하여 정의를 내리거나 학생이 정의를 내릴 수 있게 기회를 준다.

(5) 정의가 정리되면 모두 큰 소리로 읽는다.

따친모 Episode '주장' 우리들만의 정의
"주장이란 상대방 의견을 들으면서 자신의 생각과 의견을 표현하며 알리는 것"
"주장이란 주제에 대한 이유와 내 생각을 말하는 것이며 다른 사람의 의견을 듣고 내 생각만 주장하지 않아야 하는 것"
"주장이란 의견을 내놓고 이를 잘 지키면 능력있는 사람으로 평가되는 것"

5. 주제 도입하기

- '우리들의 정의'를 바탕으로 주제와 연관하여 설명한다.
- 최근 자기만의 방법을 주장하다가 친구와 갈등을 경험한 일이 있는가?
- 어떻게 정리가 되었는가?
- 엄마나 가족과 자기주장만을 고집한 적이 있는가?
- 어떻게 정리가 되었는가?

II. 전개

1. 주제 설명하기

- 각자의 생각이 있고 이를 주장하는 것은 당연하다.
- 내 주장이 있듯이 다른 사람들도 주장이 있음을 이해해야 한다.

  Q. 내 주장만 고집한다면 상대방은 어떻겠는가? / 상대방이 자신의 주장만 고집한다면 나는 어떻겠는가?

- 자기 주장만 하는 것은 서로의 마음을 상하게 하는 일이다.
- 가장 중요한 것은 어떻게 서로의 주장을 존중해야 하는가이다.
- 자신의 주장만을 계속하여 고집하게 되면 문제는 해결이 되지 않고 싸움이 될 수 있다.

2. 주장 조절하기

1) 주장 조절하는 방법에는 다음의 3가지가 있다.

(1) 두 사람 다 패배하는 것(패배-패배) : 서로 주장만 하다 끝남

(2) 한 사람은 이기고 한 사람은 지는 것(패배-승리) : 한 사람의 주장만 따르는 방법

(3) 두 사람 다 이기는 것(승리-승리) : 두 사람의 주장을 조절하는 가장 바람직한 방법

   A. 두 가지 일을 모두 하는 방법(내가 원하는 것 먼저 하고 친구 원하는 것으로 하기 또는 친구 원하는 것을 먼저 하고 내가 원하는 것 하기)

   B. 이번에는 친구가 원하는 것을 하고 다음 번에는 내가 원하는 것을 하는 방법

   C. 양쪽이 원하는 것의 일부분을 조절하여 하는 방법

   D. 완전히 다른 것을 하는 방법

3. 시범 보이기

- 적절한 시범과 부적절한 시범을 보이고 이야기 나눈다.

이제부터 선생님들이 시범을 보일 거에요. 잘 보고 무엇이 잘못되었는지, 잘되었는지 이야기해주세요.

바르지 않은 예

> 진행교사: 우리 이 돈으로 뭐 살까? 우리 PC방 갈까?
> 보조교사: 형, 배고픈데 떡볶이 먹자.
> 진행교사: 야, 그냥 PC방 가서 게임하자.
> 보조교사: 눈만 나빠져. 그냥 맛있는 거 먹자.
> 진행교사: (고개를 돌리고) 싫어, PC방 갈래.
> 보조교사: 엄마한테 이를 거야. 같이 쓰라고 했잖아.
> 진행교사: (화 내듯)형 말 좀 들어.
> 보조교사: 아, 배고프다고!!

무엇이 잘못되었나요? 어떻게 하면 좋을까요?

다음 것을 보세요.

바르지 않은 예

> 진행교사: 성민아, 숙제하고 엄마랑 마트가자.
> 보조교사: 이것 먼저 보구요. 이것 먼저 하고 숙제할께요.
> 진행교사: 너 그럼 숙제도 못하고 엄마랑 마트도 못가, 얼른 숙제 먼저 해.
> 보조교사: 이거 먼저 본다구요.
> 진행교사: 숙제 먼저 하고 마트가자.
> 보조교사: 이거 먼저 보구요. 마트는 안가요, 그냥 이거 먼저 보고 숙제하면 되잖아요.
> 진행교사: 엄마한테 혼난다. 너 다시는 만화책 못 보게 할 거야.
> 보조교사: 엄마는 왜 엄마 맘대로 해요!!! 나도 숙제도 안 해요!!!!

무엇이 잘못되었나요? 어떻게 하면 좋을까요?

바르지 않은 예

진행교사: 나리야, 놀자.

보조교사: 그래~근데 뭐하고 놀지?

진행교사: 부르마블 게임할래?

보조교사: 싫어, 할리갈리하자.

진행교사: 부르마블하자!!

보조교사: 할리갈리하자, 난 할리갈리하고싶어.

진행교사: (곤란한 표정으로)난 부르마블하고 싶은데….

보조교사: (조용한 목소리로)난 할리갈리하고 싶어.

진행교사: (곤란한 표정으로)난 부르마블하고 싶은데….

보조교사: (조용한 목소리로)난 할리갈리하고 싶어.

진행교사: (곤란한 표정으로)난 부르마블하고 싶은데….

보조교사: (조용한 목소리로)난 할리갈리하고 싶어.

진행교사: 난 그냥 갈래.

보조교사: 치, 그래라!

무엇이 잘못되었나요? 결국 누가 손해인가요? 어떻게 하면 좋을까요?

바른 예

(보조교사 대신 아동 참여 유도)

진행교사: 우리 이 돈으로 뭐 살까? 우리 PC방 갈까?

보조교사: 형, 배고픈데 떡볶이 먹자.

진행교사: 야, 그냥 PC방 가서 게임하자.

보조교사: 나 배고픈데...

진행교사: (고민하다가) 그럼 형이 라면 끓여줄게. 그거 먹고 PC방 가자.

보조교사: 그래, 좋아.

잘못된 점이 있나요?

패-패, 승-패, 승-승 중 어떤 방법을 선택했나요?

진행교사: OO아, 숙제하고 엄마랑 마트가자.

보조교사: 이것 먼저 보구요. 이것 먼저 하고 숙제할게요.

진행교사: 너 그럼 숙제도 못하고 엄마랑 마트도 못가, 얼른 숙제 먼저 해.

보조교사: 이거 먼저 본다구요.

진행교사: 숙제 먼저 하고 마트가자.

보조교사: 이거 먼저 보구요. 마트는 안가요, 그냥 이거 먼저 보고 숙제하면 되잖아요.

진행교사: 자 엄마랑 얘기해보자, 엄만 니가 숙제를 먼저하고 엄마랑 마트를 갔으면 좋겠어, 넌?

보조교사: 전 이 책 마저 보고 숙제했으면 좋겠어요. 마트는 가지 않을래요.

진행교사: 좋아, 그럼 우리 서로의 의견을 조절해보자. 어때?

보조교사: 예.

진행교사: 넌 책보고 숙제하고 싶고, 난 숙제 먼저하고 마트 같이 가고 싶으니까. 둘의 의견을 조절해서 엄마도 양보하고 너도 양보해서. 숙제를 먼저하고 마트가는 대신 책을 보는 건 어때, 마트는 엄마 혼자 가고.

보조교사: 그럼 숙제하고 나면 책봐도 돼요?

진행교사: 어, 그래.

보조교사: 예, 알겠어요.

잘못된 점이 있나요?

패-패, 승-패, 승-승 중 어떤 방법을 선택했나요?

4. 역할놀이

1) 가족 소풍을 간다면 어디로 갈지 주장 조절해보기

2) 보드게임을 하게 될 경우를 대비하여 팀별 또는 개인별 보드 게임 정하기

5. 파워카드

- 카드의 캐릭터는 집단 구성원 중 한 명이 좋아하는 캐릭터로 만든다.
- 카드를 나눠주고 누가 좋아했던 캐릭터였는지 확인하며 서로의 관심사를 한번 더 점검한다.
- 큰소리로 카드를 읽고 마무리한다.

친구와 내 생각 조절하기	
1. 내 생각 구체적으로 이야기하기 2. 상대방의 생각 경청하기 3. 가장 올바른 해결 방법 찾기 ♠ 두 사람 다 행복한 가장 좋은 방법 1) 두 가지 일을 모두 하는 방법 2) 한 번은 친구 생각대로, 다음에는 내 생각대로~ 3) 두 생각의 일부분을 조절하는 방법 4) 완전히 다른 것을 하는 방법	

Ⅲ. 정리

1. 돌아보기

1) 발표하기

- 새롭게 배운 점, 도움이 된 점, 자신 또는 다른 친구들을 칭찬할 점 등을 발표한다.

2) 일지쓰기

- 일지를 나눠주고 기록하도록 한다.
  - ☞ '발표하기' 또는 '일지쓰기' 중 한 활동을 하여 정리한다.

2. 과제

1) 집단 구성원 외의 친구(친척도 좋음)와 전화를 시도한다.

- 대화 십계명과 바른 전화예절을 생각하며 전화통화를 하여 공통점을 찾는다.

2) '감정 표현하기'와 '공감하기', '칭찬주고받기'를 부모님과 연습한다.

3) 부모님을 도와주거나 도움을 청해본다.

4) 주장조절하기를 연습한다.

- 외식 상황, 과제 수행 상황 등에서 부모의 주도하에 주장조절하기를 연습한다.

3. 자유시간

1) 간식을 나눠준다.

2) 약 10여 분간의 자유 시간을 제공한다. 단, 교실 밖으로는 나가지 않도록 한다.

따친모 12. 놀림에 대처하기

목 표   · 놀리는 상황에서도 감정을 조절하여 적절히 대처할 수 있다.

준비물   이름표, 활동일지, 펜, 파워카드

단 계	활동 내용
도 입	🐨 인사하기 및 출석 확인 🐨 규칙 점검하기 🐨 과제 점검하기 　– 지난 시간에 배운 내용을 확인한다. (파워카드 활용 가능) 　– 집단 구성원이 아닌 누구와 통화했는지, '전화예절'과 '바른 대화 십계명'을 기억하며 통화를 했는지 점검 　– 부모와 감정표현 및 공감하기, 칭찬 노트(도움주기), 주장 조절하기 점검 🐨 주제 소개 및 주제 정의하기 　– 오늘의 주제 '놀림과 대처방법'을 소개한다. 　– '놀림'에 대한 우리들만의 정의를 내린다. 🐨 주제 도입하기 　Q. 사람들은 왜 다른 사람들을 놀릴까? 　Q. 친구가 놀렸을 때 여러분의 반응은 어땠나요? 　Q. 놀리는 아동이 원하는 대로 하고 있었나? (화를 내거나, 울거나 등의 반응) 　　: 다른 사람들 앞에서 구경거리가 되었었는지? 　Q. 그렇게 반응을 보인다면 놀리는 친구가 재미있었을까? 　Q. 다음에도 또 놀림을 당할 것 같은가? 　Q. 주변의 어른들이 놀림을 당했을 때 대처하라고 알려준 방법은 무엇이며 아동들은 주로 어떤 방법을 사용하여 왔는가? (어른들에게 말해라, 무시해라, 피해라 등) 　Q. 그 방법들이 효과가 있었는가?
전 개	🐨 주제 설명하기 　1. "놀림 재미없게 만들기"(일명 '놀림 노잼') 규칙 　　① 놀리는 말에 전혀 신경을 쓰지 않는 것처럼 행동한다. 　　② 기분이 상했더라도 전혀 상하지 않은 것처럼 행동한다. (한 귀로 듣고 한 귀로 흘리기 기법 사용– 반응하면 재미있어서 더 하기 때문) 　　③ 놀리는 아동의 얼굴을 한번 멍하게 바라보거나 무표정하게 한번 고개를 흔들고 자신의 일을 계속한다. 　　④ 더 이상 놀리는 말이 재미없는 일로 만들어라. 　　　Q. 만약 놀리는 아동을 비웃어주거나 반응을 하면 어떻게 될까? 　　　A. 더 큰 싸움이 일어나게 되거나 더 심하게 놀릴 수 있다.

⑤ 별로 관심없다는 반응을 짧게 하고 하던 일을 계속하라.

2. 언어적 무관심 표현

① 다른 이야기하기 : 그건 그렇고 너 그 책 봤어? 재밌었는데…

② 쿨하게 인정하기 : 그냥 인정해 버린다. (왜? 싸우기 싫으니까)

3. 행동으로 무관심 표현

① 어깨를 으쓱한다거나 옆의 친구의 얼굴을 한번 바라보거나 하고 자리를 떠나기

4. 신체적 공격을 하는 아동이 아닌 말로 놀리는 아동에게만 사용한다.

5. 신체적 공격을 받지 않을 가장 좋은 방법

① 튀지 않는다 : 돌출 행동이나 남의 시선을 끄는 행동을 하지 않는다.

② 괴롭히는 아동 근처에 머무르지 않는다. 이야기하거나 잘 지내보려고 하지 않는다.

③ 괴롭히는 아동을 자극하지 않는다. 아동을 자극하거나 웃음거리로 만들지 않도록 한다.

전 개

6. 되도록 혼자 있지 않는다.

① 괴롭히는 아동들은 혼자 있을 때나, 무방비상태에 있을 때 괴롭힌다.

② 늘 친구들이 몰려 있는 곳에 함께 있도록 해야 한다.

7. 만약 신체적 괴롭힘을 당했다면 반드시 어른들의 도움을 청해야 한다.

(예: 부모, 교사 등)

🐱 **시범 보이기**

– 바른 시범과 바르지 않은 시범을 보인다.

– 바르지 않은 시범에 대해서는 무엇이 잘못되었는지를 확인한다.

🐱 **역할놀이**

– 학교에서 놀림을 받은 사례를 나누고 이에 대해 적절한 반응을 재연해본다.

– 아동의 역할수행에 대해 구체적으로 피드백을 준다.

🐱 **파워카드**

– 오늘의 주제에 대해 요약한 파워카드를 준다.

– 모두 큰 소리로 파워카드를 읽는다.

🐱 **돌아보기**

– 이번 시간에 새롭게 배운 점, 도움이 된 점, 칭찬할 점 등을 발표하기 또는 일지에 기록하며 점검한다.

🐱 **과제 나누기**

– 집단 구성원이 아닌 친구(친척도 좋음)와 전화하여 서로의 관심사를 알아온다.

– 칭찬 일기 작성 : 칭찬 노트를(아동용, 부모용) 준비하여 하루에 하나 이상씩 서로에게 칭찬을 하고 그 내용을 적어오도록 한다.

정 리

– 도움주기/도움받기 경험에 대해 적어오도록 한다.

– '주장 조절하기' 상황을 만들어 연습한다.

– '놀림에 대처하기' 를 부모님과 함께 연습한다.

🐱 **간식 및 자유놀이**

– 간식을 먹으며 자유놀이하기

활동 지도안 12

Ⅰ. 도입

1. 인사하기 및 출석 확인

1) 이름표를 나눠주며 반갑게 인사한다.

2) 칠판에 구성원들의 이름을 적으며 출석을 확인한다.

- 칠판에 쓴 아동들의 이름 옆에 오늘의 기분에 대한 얼굴표정(☺,☺,☹)을 간략하게 그려 넣는다.
- 특별한 기분을 말할 경우 간단하게 왜 그런 기분을 느꼈는지 묻고 다른 아동들에게 경청하도록 한다.
- 친구들의 기분에 대해 공감하도록 한다.
- 출석을 확인한 후 이름 옆에 토큰을 그려 넣는다.

2. 규칙 점검하기

1) 규칙을 확인하며 하나씩 칠판에 적고 큰소리로 함께 읽는다.

① 경청하기
② 손들고 말하기
③ 존중하기(놀리거나 다른 사람을 비웃지 않기)
④ 신체접촉 조심하기(때리기, 차기, 밀기, 안기 등 하지 않기)
⑤ 위의 규칙을 모두 잘 지키기

3. 과제 점검하기

1) 전화통화하기

- 집단구성원이 아닌 외부인과 통화를 했는지 손을 들어 확인한다.
- '바른 대화십계명'과 '전화통화 예절'을 잘 활용하며 대화했는지 확인한다.

2) 가족 과제

- 아빠나 엄마, 가족들 간의 감정표현과 공감을 어떻게 했는지 발표한다.
- '감정표현하기'를 행동만으로 아닌 말로 잘 표현했는지를 확인하는 것과 '공감하기'를 했는지 확인하는 것이 핵심이다.

- 부모님께 칭찬 받은 일, 부모님께 칭찬을 드린 일을 발표한다.
- 부모님께 도움을 드린 일, 도움을 받은 일에 대해 발표한다.
- 주장조절하기에 대해 발표한다.

    ☞ 과제 수행에 대해 칭찬하고 토큰을 제공한다.

4. 주제 소개 및 주제 정의하기

1) 오늘의 주제 '놀림에 대처하기'에 대해 소개한다.

2) 주제 정의하기

(1) '놀림'은 무엇인지 어떻게 해야 하는지 등에 대한 각자의 의견을 발표하며 주제 정의하기를 한다.

(2) 보조교사는 아동들이 발표하는 내용을 모두 칠판에 적는다.

(3) 전체 아동들의 의견을 수렴하여 주제와 연관성을 확인하고 줄여 나간다.

    ☞ 주제와 연관성을 다수결 또는 O, X의 수 등 다양한 방법으로 정할 수 있다.

(4) 교사가 주도하여 정의를 내리거나 학생이 정의를 내릴 수 있게 기회를 준다.

(5) 정의가 정리되면 모두 큰 소리로 읽는다.

따친모 Episode '놀림' 우리들만의 정의

"놀림이란, 다른 사람을 화나게 하고 짜증나게 하는 것 마구마구 퍼붓는 것, 그러나 이것을 안하면 착한사람"

"놀림이란, 비난, 무시, 별명, 약점 등의 싫어하는 말을 해서 상대의 기분을 나빠지게 하고 상대와 거리를 멀어지게 하는 노는 것"

"놀림이란, 친구가 잘 못할 때 못된 말 하고 듣기 싫은 데도 계속 비방하고 욕하고 배려, 존중 하지 않고 나쁜 말하며 집단 따돌림하는 것"

5. 주제 도입하기

- '우리들의 정의'를 바탕으로 주제와 연관하여 설명한다.
- 사람들은 왜 다른 사람들을 놀릴까?
- 친구가 놀렸을 때 여러분의 반응은 어땠나요?
- 놀리는 아동이 원하는 대로 하고 있는지?(화를 내거나, 울거나 등의 반응)
- 다른 사람들 앞에서 구경거리가 되었었는지?
- 놀리는 아동은 놀리는 일이 재미있었을지?
- 다음에도 또 놀림을 당할 것 같은지?

- 주변의 어른들이 놀림을 당했을 때 대처하라고 알려준 방법은 무엇이며 아동들은 주로 어떤 방법을 사용하여 왔는가?(어른들에게 말해라, 무시해라, 못들은 척 해라, 피해라 등)
- 그 방법들이 효과가 있었는가?

Ⅱ. 전개

1. 주제 설명하기
- 놀림은 단순하게 피하거나 무시한다고 해결이 되지 않는다.
- 놀리는 이유는 재미있기 때문이다. 따라서 재미없게 만들면 된다.
- 이를 우리는 "놀림 재미없게 만들기(일명 **'놀림 노잼'**)"기술을 배울 것이다.(아동들이 제목을 정해도 좋음)

2. 놀림에 대처하기: "놀림 재미없게 만들기(놀림 노잼)"규칙

1) 놀리는 말에 전혀 신경을 쓰지 않는 것처럼 행동한다.

2) 기분이 상했더라도 전혀 상하지 않은 것처럼 행동한다.
   ('한 귀로 듣고 한 귀로 흘리기' 기법 사용 – 반응하면 재미있어서 더 하기 때문)

3) 놀리는 아동의 얼굴을 한번 멍하게 바라보거나 무표정하게 한번 고개를 흔들고 자신의 일을 계속한다.

4) 더 이상 놀리는 말이 재미없는 것처럼 만들어야 한다.

5) 만약 놀리는 아동을 비웃어주거나 반응을 하면 어떻게 될까? 더 큰 싸움이 일어나게 되거나 더 심하게 놀릴 수 있다.

6) '놀림의 말에 신경쓰지 않는다' 는 반응을 짧게 하고 하던 일을 계속한다.

7) 언어적 무관심 표현
   (1) 다른 이야기로 넘어가기
      - 그건 그렇고 너 런닝맨 봤어? 재밌었는데…
   (2) 그냥 인정해 버린다.
      - 왜? 싸우기 싫으니까

8) 행동적 무관심 표현

(1) 어깨를 으쓱한다거나 옆의 친구의 얼굴을 한번 바라보거나 하고 자리를 떠나기

(2) 계속 그 자리에 있을 필요가 없다.

(3) 물을 마시러 가거나 사물함으로 가거나 하여 그 자리를 떠나라.

- 단, 신경쓰지 않는다는 것을 보여주고 떠나야 피하는 것으로 보이지 않는다.
- 말을 무시하고 못들은 척하고 가면 계속 따라와 놀릴 수 있다.

(4) 신체적 공격을 하는 아동한테는 하지 않고 말로 놀리는 아동에게만 사용한다.

9) 신체적 공격을 받지 않을 가장 좋은 방법

(1) 튀지 않는다: 돌출 행동이나 남의 시선을 끄는 행동을 하지 않는다.

(2) 괴롭히는 아동 근처에 머무르지 않는다. 이야기하거나 그 아동과 잘 지내보려고 노력하지 않는다.

(3) 괴롭히는 아동을 자극하지 않는다.

(4) 혼자 있지 않는다.

- 괴롭히는 아동은 혼자 있을 때나, 무방비상태에 있을 때 다가와 괴롭힌다.
- 늘 친구들이 몰려 있는 곳에 함께 있도록 해야 한다.

(5) 만약 괴롭힘을 당했다면 반드시 어른들의 도움을 청해야 한다. (예; 부모, 교사 등)

3. 시범 보이기

- 적절한 시범과 부적절한 시범을 보이고 이야기 나눈다.

이제부터 선생님들이 시범을 보일 거에요. 잘보고 무엇이 잘못되었는지, 잘되었는지 이야기해주세요.

> **바르지않은예**
>
> 진행교사: 네 신발 너무 이상해.
> 보조교사: (당황하여 보조진행교사를 바라보며) 어…뭐가!!
> 진행교사: 네 신발 진짜로 이상하거든!
> 보조교사: (울먹이며) 하지 마!!
> 진행교사: (약올리듯 웃으며) 진짜 웃긴다, 네 신발.
> 보조교사: (화를 내며) 네 것이 더 이상하거든!!!

친구(보조교사)의 반응은 어땠나요?

놀리던 친구(교사)는 앞으로 어떻게 할까요? (재미있어서 더 놀릴 것이다)

자, 한번 더 보세요.

바른
예

진행교사: 네 신발 너무 이상해!

보조교사: (신발을 쳐다보며) 어, 그래 (신경 안 쓴다는 태도로, 시선을 돌려 먼 곳을 본다.)

진행교사: 네 신발 진짜로 이상하거든!

보조교사: 뭐 어때 (무심하게 말하고, 눈길을 돌린다.)

진행교사: 야, 이렇게 더럽고 이상한데 괜찮아?

보조교사: (무심하게)그러게. (어깨를 으쓱거리고, 머리를 흔들고, 자연스럽게 자리를 떠 버린다.)

친구(보조교사)의 반응은 어땠나요? 놀리던 친구(교사)는 앞으로 어떻게 할까요?

4. 역할놀이

1) 놀림의 상황을 제시하고, 무심하게 반응하고 인정하는 것을 연습한다.

2) 연습일지라도 아동들은 매우 상심하고 실제인 것처럼 화를 내거나 울 수 있으므로 이것은 절대 연습상황임을 반복하여 인지시켜야 한다.

5. 파워카드

- 카드의 캐릭터는 집단 구성원 중 한 명이 좋아하는 캐릭터로 만든다.
- 카드를 나눠주고 누가 좋아했던 캐릭터였는지 확인하며 서로의 관심사를 한번 더 점검한다.
- 큰소리로 카드를 읽고 마무리한다.

놀림 재미없게 만들기(놀림 노잼)	

1. 놀리는 말에 전혀 신경을 쓰지 않는 것처럼 행동한다.
2. 기분이 상했더라도 전혀 상하지 않은 것처럼 행동한다.
3. 놀리는 아동을 한번 바라보고 별로 관심없다는 반응을 짧게 하고 하던 일을 계속하라.
  한귀로 듣고 한귀로 흘리기!!
※ 반응을 보이는 것은 놀리는 아동을 더 놀리고 싶게 만드는 방법
  반응은 놀림의 지름길!!

☞ 이 회기의 파워카드는 되도록 '스폰지밥'으로 한다. 스폰지밥에는 귀가 없다. 그리고 무엇이든 흡수한다. 이런 스폰지밥의 특성을 이야기하고 "우리도 스폰지밥처럼"이라는 이야기를 강조한다.

III. 정리

1. 돌아보기

1) 발표하기

- 새롭게 배운 점, 도움이 된 점, 자신 또는 다른 친구들을 칭찬할 점 등을 발표한다.

2) 일지쓰기

- 일지를 나눠주고 기록하도록 한다.
  - ☞ '발표하기' 또는 '일지쓰기' 중 한 활동을 하여 정리한다.

2. 과제

1) 집단 구성원이 아닌 친구(친척도 좋음)와 전화통화를 시도한다.

- '바른 대화 십계명'과 '전화통화 예절'을 생각하며 전화통화를 하여 공통점을 찾는다.

2) '놀림 재미없게 만들기(놀림 노잼)' 규칙을 확인하고 가정에서 부모님과 반복 연습한다.

- 놀림에 대처하기 위한 연습 상황임을 아동에게 늘 상기시키고 마음의 준비를 하게 한 후 시작한다.
- "집에서도 화를 내면 나가서는 더 화를 내거나 싸우는 상황이 될 수도 있다"
- "화를 내는 것은 놀리는 아동을 더 재미있게 만드는거야, 노력하자!!" 등 격려한다.

3) '감정 표현하기'와 '공감하기', '칭찬주고받기'를 부모님과 연습한다.

4) 부모님을 도와주거나 도움을 청해본다.

5) 주장조절하기를 연습한다.

- 외식 상황, 과제 수행 상황 등에서 부모의 주도하에 주장조절하기를 연습한다.
  - ☞ 가장 중요한 과제는 '놀림노잼' 연습이다. 반복하여 하는 것이 중요하다.

3. 자유시간

1) 간식을 나눠준다.

2) 약 10여 분간의 자유 시간을 제공한다. 단, 교실 밖으로는 나가지 않도록 한다.

따친모 13. 또래 대화에 참여하기

목 표   · 또래들의 모임에 자연스럽게 참여할 수 있다.

준비물   이름표, 활동일지, 펜, 파워카드

단 계	활동 내용

도 입	🐨 인사하기 및 출석 확인
	
	🐨 규칙 점검하기
	
	🐨 과제 점검하기
	   – 지난 시간에 배운 내용을 확인한다. (파워카드 활용 가능)
	   – 집단 구성원이 아닌 누구와 통화했는지, '전화예절'과 '대화 십계명'을 기억하
	     며 통화를 했는지 점검
	   – 놀림에 대처하기 연습에 대해 점검
	   – 부모와 감정표현 및 공감하기, 칭찬 노트(도움주기), 주장 조절하기 점검
	
	🐨 주제 소개 및 주제 정의하기
	   – 오늘의 주제 '또래 대화에 참여하기'를 소개한다.
	   – '대화 참여'에 대한 우리들만의 정의를 내린다.
	
	🐨 주제 도입하기
	   – 아동들이 내린 정의와 주제를 연관하여 이야기를 이끌어간다.
	   – 이미 친한 친구들이라고 한다면 그들이 대화를 하고 있을 때 끼어들어가는 것, 참
	     여하는 것은 어려움이 없다.
	     Q. 이미 친한 친구들의 집단이라면 어떻게 하면 될까요?
	     A. 그냥 다가가서 인사하고 시작하면 된다.

전 개	🐨 주제 설명하기
	   1. 대화에 들어가기 규칙
	   1) 아동들 가까이에 가서 지켜보기/귀 기울여 듣기
	   (1) 대화에 참여하기 전에 지켜보고 귀 기울여 들어 본다.
	   (2) 친근한 태도로 대화를 나누고 있는지 들어본다.
	   (3) 집단 안의 친구들에게 관심을 표현한다.
	   2) 기다리기
	   (1) 참여해도 될 것 같다고 생각되면(함께 대화를 할 만한 주제, 같이 놀이하고 싶
	     은 활동 등) 대화나 놀이가 잠깐 멈춰질 때까지 기다린다.

<table>
<tr><td rowspan="1">전 개</td><td>

3) 참여하기

(1) 조금 더 가까이 다가간다. (팔 하나 길이 만큼) 단, 너무 가까이 가지는 않는다.

(2) 자신만의 관심사가 아닌 아동들이 나누고 있는 대화에 맞는 이야기를 건넨다.

(3) 놀이를 하고 있다면 같이 놀아도 되는지 묻는다. "나도 같이 해도 돼?"

(4) 친구들로부터 자신이 얼마나 받아들여지고 있는지 평가한다.

(5) 받아준다면 참여하여 대화를 나눈다.

4) 아동들이 못 본 척 하거나 대화에 끼어주고 싶어 하지 않으면 조용히 침착하게 빠져나와 다른 곳으로 간다.

2. 빠져나오기 규칙

1) 다른 곳을 자연스럽게 바라보며 자연스럽게 천천히 몸을 돌린다.

2) 조용히 다른 곳으로 간다.

3) 때로는 헤어짐 말을 한다.

"아, 화장실 가야 겠다", "물마시러 가야겠다", "난 간다~~"등

4) 화를 내거나 실망하지 말고 다른 곳으로 가면 된다.

※ 대화에 참여하기 위한 시도는 누구나 어렵다는 것을 기억하라.

🐱 시범 보이기

– 바른 시범과 바르지 않은 시범을 보인다.

– 바르지 않은 시범에 대해서는 무엇이 잘못되었는지를 확인한다.

🐱 역할놀이

– 아동의 역할수행에 대해 구체적으로 피드백을 준다.

🐱 파워카드

– 오늘의 주제에 대해 요약한 파워카드를 준다.

– 모두 큰 소리로 파워카드를 읽는다.

</td></tr>
<tr><td rowspan="1">정 리</td><td>

🐱 돌아보기

– 이번 시간에 새롭게 배운 점, 도움이 된 점, 칭찬할 점 등을 발표하기 또는 일지에 기록하며 점검한다.

🐱 과제 나누기

– 집단 구성원 외의 친구(친척도 좋음)와의 전화를 시도한다.

– 칭찬 일기 작성 : 칭찬 노트를(아동용, 부모용) 적어오도록 한다.

– 엄마와 '놀림 재미없게 만들기'를 연습한다 : 이 상황은 아동이 능숙해지기 위한 연습과정임을 늘 상기시키고 격려해준다.

– 가정에서도 부모님의 대화에 참여하기 연습을 한다.

– 가능하다면 새로운 집단 혹은 학교에서 실행해보도록 한다.

🐱 간식 및 자유놀이

– 간식을 먹으며 자유놀이하기

</td></tr>
</table>

Part 3. 프로그램이 실제 : 우리는 따친모예요~!!

활동 지도안 13

Ⅰ. 도입

1. 인사하기 및 출석 확인

1) 이름표를 나눠주며 반갑게 인사한다.

2) 칠판에 구성원들의 이름을 적으며 출석을 확인한다.

- 칠판에 쓴 아동들의 이름 옆에 오늘의 기분에 대한 얼굴표정(☺, ☺, ☹)을 간략하게 그려 넣는다.
- 특별한 기분을 말할 경우 간단하게 왜 그런 기분을 느꼈는지 묻고 다른 아동들에게 경청하도록 한다.
- 친구들의 기분에 대해 공감하도록 한다.
- 출석을 확인한 후 이름 옆에 토큰을 그려 넣는다.

2. 규칙 점검하기

1) 규칙을 확인하며 하나씩 칠판에 적고 큰소리로 함께 읽는다.

① 경청하기

② 손들고 말하기

③ 존중하기(놀리거나 다른 사람을 비웃지 않기)

④ 신체접촉 조심하기(때리기, 차기, 밀기, 안기 등 하지 않기)

⑤ 위의 규칙을 모두 잘 지키기

3. 과제 점검하기

1) 전화통화하기

- 집단구성원이 아닌 외부인과 통화를 했는지 손을 들어 확인한다.
- '바른 대화 십계명'과 '전화통화 예절'을 잘 활용하며 대화했는지 확인한다.

2) 가족 과제

- '놀림에 대처하기(놀림 노잼)' 연습에 대해 발표한다.
- 주장조절하기에 대해 발표한다.

- 아빠나 엄마, 가족들 간의 감정표현과 공감을 어떻게 했는지 발표한다.
- 부모님께 칭찬 받은 일, 부모님께 칭찬을 드린 일을 발표한다.
- 부모님께 도움을 드린 일, 도움을 받은 일에 대해 발표한다.
  - ☞ 과제 수행에 대해 칭찬하고 토큰을 제공한다.

4. 주제 소개 및 주제 정의하기

1) 오늘의 주제 '대화에 참여하기'에 대해 소개한다.

2) 주제 정의하기

(1) "대화참여"는 무엇인지 어떻게 해야 하는지 등에 대한 각자의 의견을 발표하며 주제 정의하기
를 한다.

(2) 보조교사는 아동들이 발표하는 내용을 모두 칠판에 적는다.

(3) 전체 아동들의 의견을 수렴하여 주제와 연관성을 확인하고 줄여 나간다.

  ☞ 주제와 연관성을 다수결 또는 O, X의 수 등 다양한 방법으로 정할 수 있다.

(4) 교사가 주도하여 정의를 내리거나 학생이 정의를 내릴 수 있게 기회를 준다.

(5) 정의가 정리되면 모두 큰 소리로 읽는다.

따친모 Episode '대화참여'우리들만의 정의

"대화참여란, A와 B가 대화를 할 때 자연스럽게 C가 꼽사리를 끼고, 관심사가 맞으면 좋으며 그 주
제를 듣고 주제에 맞게 대화를 시도하지만 잘못하면 중2병 환자가 되는 것"

"대화참여란, 친해지기 위한 지름길로 주제에 맞게 조금씩 대화를 이어나가면서 끼어드는 것, 자연
이 세월에 따라 조금씩 바뀌는 것처럼 대화도 바뀌는 것이다"

5. 주제 도입하기

- '우리들의 정의'를 바탕으로 주제와 연관하여 설명한다.
- 이미 친한 친구들이라고 한다면 그들이 대화를 하고 있을 때 끼어들어가는 것, 참여하는 것은 어
  려움이 없다.

  Q. 이미 친한 친구들의 집단이라면 어떻게 하면 될까요?

  A. 그냥 다가가서 인사하고 시작하면 된다.

Ⅱ. 전개

1. 주제 설명하기

- 아직은 낯설지만 친하게 지내고 싶은 새로운 모임이나 집단에 들어갔을 때, 또는 또래집단들의 대화 중간에 끼어들고 싶을 때 함부로 들어가서는 안된다.
- 중간에 끼어들기 위해서는 그 집단 내에 친하지는 않아도 아는 친구가 적어도 한 두 명은 있어야 가능하다.
- 때로는 서로 아무도 모르는 경우, 완전히 새로운 모임에 갔을 때도 가능하다.

2. 또래대화에 참여하기

1) 아동들 가까이에 가서 지켜보기/귀 기울여 듣기

(1) 집단의 분위기를 파악한다.

① 친근한 태도로 대화를 나누고 있는지 들어본다.

② 서로 간에 친근한 태도로 대화를 하고 있지 않다면, 다른 집단을 찾아보아야 한다.

(2) 대화에 참여하기 전에 지켜보고 귀 기울여 들어 본다.

① 대화에 참여하기 전에, 먼저 무엇에 대해 이야기를 나누고 있는지 알아야 한다.

② 대화 내용에 나와 공통의 관심사에 대한 이야기가 있는지 들어본다.

③ 진행되고 있는 대화와 관련된 이야기를 할 수 있는지 알아야 한다.

④ 대화의 내용도 모른 채, 대화에 뛰어들게 되면 방해만 될 뿐이다.

(3) 집단 안의 친구들에게 관심을 표현한다.

① 이야기를 할 때 다른 친구들의 얼굴이나 눈을 바라보며 반응을 보여야 한다.

② 이야기가 자신의 생각과 같으면 고개를 끄덕이기도 한다.

③ 빤히 쳐다보면 안 된다. - 기분이 나빠질 수 있다.

2) 기다리기

(1) 참여해도 될 것 같다고 생각되면(함께 대화를 할 만한 주제, 같이 놀이하고 싶은 활동 등) 대화나 놀이가 잠깐 멈춰질 때까지 기다린다.

① 대화나 놀이가 한참 진행 중일 때 들어가면 방해가 되어 싫어할 수 있다.

3) 참여하기

(1) 조금 더 가까이 다가간다.(팔 하나 길이만큼) 단, 너무 가까이 가지는 않는다.

(2) (나만 좋아하는, 내가 하고 싶은 이야기가 아닌) 아동들이 나누고 있는 대화에 맞는 이야기를 건넨다.

(3) 놀이를 하고 있다면 같이 놀아도 되는지 묻는다. "나도 같이 해도 돼?"

(4) 친구들로부터 자신이 얼마나 받아들여지고 있는지 평가한다.

　① 친구들이 내가 설 자리를 열어주는가?

　② 친구들이 나와 눈을 맞추고 있는지?

　③ 친구들이 나에게 직접 말을 건네고 있는지?

　④ 친구들이 나의 이야기에 반응을 하는지?

(5) 받아준다면 참여하여 대화를 나눈다.

4) 아동들이 못 본 척 하거나 대화에 끼어주고 싶어 하지 않을 때에는 조용히 침착하게 빠져나와 다른 곳으로 간다.

5) 빠져나오기 규칙

(1) 다른 곳을 자연스럽게 바라보며 자연스럽게 천천히 몸을 돌린다.

(2) 조용히 다른 곳으로 간다.

(3) 때로는 헤어짐 말을 한다.

　• "아, 화장실 가야겠다", "물 마시러 가야겠다", "난 간다~~"등

(4) 화를 내거나 실망하지 말고 다른 곳으로 가면 된다.

　• 끼어줄 수도 있으나, 그렇지 않을 수도 있다. 이것은 그들의 자유다.

※ 대화에 참여하기 위한 시도는 누구나 어렵다는 것을 기억하라.

3. 시범 보이기

- 적절한 시범과 부적절한 시범을 보이고 이야기 나눈다.

이제부터 선생님들이 시범을 보일 거에요. 잘보고 무엇이 잘못되었는지, 잘되었는지 이야기해주세요.

진행교사: (보조교사와 아동들의 집단에서 몇 걸음 떨어진 곳에 서 있다)
 보조교사와 아동들이 일상적인 이야기를 나눈다.
진행교사: (불쑥 걸어 들어 와서, 지나치게 가까이 선다.) 안녕, 얘들아. 무슨 얘기 중이야?
보조교사: (놀라면서 아동과 하고 있던 이야기를 잠깐 해주고 원을 닫으면서 교사로부터 몸을 돌린다.) 어쨌든, 그래서~~ (하던 이야기 이어감)
진행교사: (말을 끊으면서) 난 진짜 재밌는 주말을 보냈어. 새로 생긴 워터 파크에 다녀왔거든. 너희도 가봤어?
보조교사: (짜증스러운 표정으로) 어…아니. (원을 닫으면서 진행교사에게서 몸을 돌린다.) 아무튼 주말에 영화를 봤었고, 숙제를 조금 했어. 넌 무엇을 했니?
진행교사: (말을 끊으면서) 그럼 너희도 워터 파크에 꼭 가 봐. 진짜 재미있거든!
보조교사 & 아동: (짜증스러운 표정으로 교사의 말을 무시한다)

자, 여기까지입니다. 지금 대화에 끼어들기에서 무엇을 잘못했지요?
　(대답: 친구(교사)가 규칙을 따르지 않았다; 지켜보기/귀 기울여 듣기, 기다리기, 참여하기)

자, 한번 더 보세요.

바르지않은예

진행교사: (두 명이 대화하는 곳에서 몇 걸음 떨어진 곳에 서 있다)
보조교사: 안녕, ○○야. 주말 어떻게 보냈어?
진행교사: 잘 보냈어. 넌?
 보조교사와 아동이 일상적인 대화를 나눈다.
진행교사: (조금 가까이 다가오면서, 주기적으로 눈을 맞춘다)
 보조교사와 아동이 일상적인 대화를 나눈다.
진행교사: (대화가 잠깐 멈추는 때를 기다려서) 아, 너희들도 ~~~ (보조교사와 아동의 대화를 연결하여 이야기 참여한다)
보조교사와 아동: (교사를 쳐다보면서, 원을 열어 준다.) 응, 너도 알아? (보조교사가 상황에 맞게 응답)
진행교사: (대화를 이어서 함)
보조교사: (교사를 쳐다보면서 이야기를 받아주고 셋이 대화를 나눈다.)

자, 여기까지입니다. 지금 대화에 끼어들기는 어땠나요? 친구(교사)가 무엇을 잘했나요?

   (대답: 규칙을 잘 따랐다; 지켜보기/귀 기울여 듣기, 기다리기, 참여하기)

질문: 두사람이 친구(교사)와 대화를 나누고 싶어하는 것처럼 보였나요?

   (대답: 예)

질문: 그렇게 생각한 이유는 무엇인가요?

   (대답: 그들이 원을 열어 주었다. 질문에 대답을 했다. 눈을 잘 맞추었다. 친구(교사)에게 질문을 했다.)

4. 역할극

- 시범보이기에서의 예를 집단 구성원들과 연습한다.
- 집단 구성원들 사이에서 자연스럽게 대화나 활동에 참여하는 것을 시도하게 한다.

5. 파워카드

- 카드의 캐릭터는 집단 구성원 중 한 명이 좋아하는 캐릭터로 만든다.
- 카드를 나눠주고 누가 좋아했던 캐릭터였는지 확인하며 서로의 관심사를 한번 더 점검한다.
- 큰소리로 카드를 읽고 마무리한다.

대화/놀이에 참여하기
대화나 놀이에 들어가기 규칙 1. 지켜보기/귀 기울여 듣기 2. 끼어들 차례 기다리기 3. 참여하기 4. 공통된 주제로 대화하기/놀이하기 5. 참여하지 못했다면 쿨하게 빠져나와 다른 곳으로 가기 ※ 주의사항! 집단에 들어가기 시도는 누구나 어렵다는 것을 기억하라. 

III. 정리

1. 돌아보기

1) 발표하기

- 새롭게 배운 점, 도움이 된 점, 자신 또는 다른 친구들을 칭찬할 점 등을 발표한다.

2) 일지쓰기

- 일지를 나눠주고 기록하도록 한다.
    - ☞ '발표하기' 또는 '일지쓰기' 중 한 활동을 하여 정리한다.

2. 과제

1) 집단 구성원이 아닌 친구(친척도 좋음)와 전화통화를 시도한다.

⑴ 대화 십계명과 바른 전화예절을 생각하며 전화통화를 하여 공통점을 찾는다.

2) '놀림 재미없게 만들기(놀림 노잼)' 규칙을 확인하고 가정에서 부모님과 반복 연습한다.

⑴ 놀림에 대처하기 위한 연습 상황임을 아동에게 늘 상기시키고 마음의 준비를 하게 한 후 시작한다.

⑵ "집에서도 화를 내면 나가서는 더 화를 내거나 싸우는 상황이 될 수도 있다"

⑶ "화를 내는 것은 놀리는 아동을 더 재미있게 만드는거야, 노력하자!!" 등 격려한다.

3) 대화에 끼어들기 연습을 한다.

⑴ 부와 모가 또래집단의 역할을 하여 아동이 끼어드는 연습을 한다.

4) '감정 표현하기'와 '공감하기', '칭찬주고받기'를 부모님과 연습한다.

5) 부모님을 도와주거나 도움을 청해본다.

6) 주장조절하기를 연습한다.

- 외식 상황, 과제 수행 상황 등에서 부모의 주도하에 주장조절하기를 연습한다.

3. 자유시간

1) 간식을 나눠준다.

2) 약 10여 분간의 자유 시간을 제공한다. 단, 교실 밖으로는 나가지 않도록 한다.

따친모 14. 좋은 게임 친구 되기1

목 표 · 여럿이 어울려 게임을 규칙대로 할 수 있으며 게임의 결과를 적절히 수용할 수 있다.

준비물 이름표, 활동일지, 파워카드

단 계	활동 내용
도 입	🐾 인사하기 및 출석 확인 🐾 규칙 점검하기 🐾 과제 점검하기 – 지난 시간에 배운 내용을 확인한다. (파워카드 활용 가능) – 집단 구성원이 아닌 누구와 통화했는지, '전화예절'과 '대화 십계명'을 기억하며 통화를 했는지 점검 – 놀림에 대처하기 연습에 대해 점검 – 대화에 들어가기 연습에 대해 점검 – 부모와 감정표현 및 공감하기, 칭찬 노트(도움주기), 주장 조절하기 점검 🐾 주제 소개 및 주제 정의하기 – 오늘의 주제 '좋은 게임 친구 되기'를 소개한다. – '좋은 게임 친구'에 대한 우리들만의 정의를 내린다. 🐾 주제 도입하기 – 아동들이 내린 정의와 주제를 연관하여 이야기를 이끌어간다. 　Q. 최근 친구들과 보드게임이나 축구 등의 운동 경기를 한 적이 있는가? 　Q. 좋았던 경험과 좋지 않았던 경험이 있는가? 　Q. 친구들과 게임을 할 때 규칙 지키기는 것이 왜 중요할까?
전 개	🐾 주제 설명하기 – 게임을 재밌게 하기 위해서는 우선 게임의 내용을 알아야 한다. – 정확한 규칙을 이해하고 해야 한다. – 때로는 원래의 게임의 규칙대로 하지 않을 수도 있다. – 이때에는 게임에 함께 참여하는 친구들과 합의가 있어야 한다. – 게임의 규칙 외에 "좋은 게임 친구"가 되기 위해서는 다음의 규칙이 있다.

　　　　　　　– 좋은 게임 상대자 되기 규칙

　　　　　　　　1. 게임의 규칙을 지킨다.

　　　　　　　　2. 차례를 지킨다.

　　　　　　　　3. 친구가 게임을 잘 할 경우 친구를 칭찬한다.

　　　　　　　　4. 심판관처럼 행동하지 않는다(지적하지 않는다).

　　　　　　　　5. 지루해지면 변화(다른 놀이나 게임)를 제안한다.

　　　　　　　　6. 이겼을 때 지나치게 자랑하거나 진 사람을 놀리지 않는다.

　　　　　　　　7. 졌을 때 울거나 화내지 않는다.

　　　　　　　　　: 이런 경우 다른 친구들은 더 이상 놀고 싶어하지 않는다.

　　　　　　　　8. 게임이 끝날 때, "재밌었어" 또는 "잘 놀았다"라고 말하며 좋은 기분을 공유한다.

전 개　　🐾 **시범 보이기**

　　　　　　　– 바른 시범과 바르지 않은 시범을 보인다.

　　　　　　　– 바르지 않은 시범에서는 무엇이 잘못되었는지를 확인한다.

　　　　　　🐾 **역할놀이**

　　　　　　　– 차례 지키지 않기, 이겼다고 자랑하기, 졌다고 화내기 등의 상황을 만들어 아동들
　　　　　　　　이 대처할 수 있도록 한다.

　　　　　　　– 바르지 않은 경험에 대해 느낌을 나눈다.

　　　　　　🐾 **파워카드**

　　　　　　　– 오늘의 주제에 대해 요약한 파워카드를 준다.

　　　　　　　– 모두 큰 소리로 파워카드를 읽는다.

　　　　　　🐾 **돌아보기**

　　　　　　　– 이번 시간에 새롭게 배운 점, 도움이 된 점, 칭찬할 점 등을 발표하기 또는 일지
　　　　　　　　에 기록하며 점검한다.

　　　　　　🐾 **과제 나누기**

　　　　　　　– 집단 구성원 외의 친구(친척도 좋음)와의 전화를 시도한다.

　　　　　　　– 칭찬 일기 작성 : 칭찬 노트를(아동용, 부모용) 적어오도록 한다.

정 리　　　– 엄마와 '놀림 재미없게 만들기'를 연습한다 : 이 상황은 아동이 능숙해지기 위한
　　　　　　　　연습과정임을 늘 상기시키고 격려해준다.

　　　　　　　– 가정에서도 부모님의 대화에 참여하기 연습을 한다.

　　　　　　　– 가능하다면 새로운 집단 혹은 학교에서 실행해보도록 한다.

　　　　　　🐾 **간식 및 자유놀이**

　　　　　　　– 간식을 먹으며 자유놀이하기

활동 지도안 14

Ⅰ. 도입

1. 인사하기 및 출석 확인

1) 이름표를 나눠주며 반갑게 인사한다.

2) 칠판에 구성원들의 이름을 적으며 출석을 확인한다.

- 칠판에 쓴 아동들의 이름 옆에 오늘의 기분에 대한 얼굴표정(☺, ☺, ☹)을 간략하게 그려 넣는다.
- 특별한 기분을 말할 경우 간단하게 왜 그런 기분을 느꼈는지 묻고 다른 아동들에게 경청하도록 한다.
- 친구들의 기분에 대해 공감하도록 한다.
- 출석을 확인한 후 이름 옆에 토큰을 그려 넣는다.

2. 규칙 점검하기

1) 규칙을 확인하며 하나씩 칠판에 적고 큰소리로 함께 읽는다.

① 경청하기
② 손들고 말하기
③ 존중하기(놀리거나 다른 사람을 비웃지 않기)
④ 신체접촉 조심하기(때리기, 차기, 밀기, 안기 등 하지 않기)
⑤ 위의 규칙을 모두 잘 지키기

3. 과제 점검하기

1) 전화통화하기

- 집단구성원이 아닌 외부인과 통화를 했는지 손을 들어 확인한다.
- '바른 대화 십계명'과 '전화통화 예절'을 잘 활용하며 대화했는지 확인한다.

2) 부모님과의 감정표현

- '놀림에 대처하기(놀림 노잼)' 연습에 대해 발표한다.
- 주장조절하기에 대해 발표한다.

- 대화에 들어가기에 대해 발표한다.

- 아빠나 엄마, 가족들 간의 감정표현과 공감을 어떻게 했는지 발표한다.

- 부모님께 칭찬 받은 일, 부모님께 칭찬을 드린 일을 발표한다.

- 부모님께 도움을 드린 일, 도움을 받은 일에 대해 발표한다.

  ☞ 과제 수행에 대해 칭찬하고 토큰을 제공한다.

4. 주제 소개 및 주제 정의하기

1) 오늘의 주제 '좋은 게임 친구 되기'에 대해 소개한다.

2) 주제 정의하기

(1) "좋은 게임 친구"는 무엇인지 어떻게 해야 하는지 등에 대한 각자의 의견을 발표하며 주제 정의하기를 한다.

(2) 보조교사는 아동들이 발표하는 내용을 모두 칠판에 적는다.

(3) 전체 아동들의 의견을 수렴하여 주제와 연관성을 확인하고 줄여 나간다.

  ☞ 주제와 연관성을 다수결 또는 O, X의 수 등 다양한 방법으로 정할 수 있다.

(4) 교사가 주도하여 정의를 내리거나 학생이 정의를 내릴 수 있게 기회를 준다.

(5) 정의가 정리되면 모두 큰 소리로 읽는다.

따친모 Episode '좋은 게임 친구'우리들만의 정의

"좋은 게임 친구란, 규칙과 게임 룰을 잘 지키고 져도 쿨하게 넘어가고 성질내지 않으며 바른 자세로 집중하면서 즐겁게 참여하고 정정당당하게 하는 친구이며 팀원 때문에 져도 화풀이하지 않아야 한다."

"좋은 게임 친구란, 게임을 좋아하면서 잘하고 팀을 위해 자신을 희생하며 결과에 승복할 줄 아는 친구"

5. 주제 도입하기

- '우리들의 정의'를 바탕으로 주제와 연관하여 설명한다.

- 어떤 친구와 게임하는 것이 즐거운가요?

II. 전개

1. 주제 설명하기

- 게임은 왜 하나요?
- 게임은 공부가 아니라 재미있게 놀기 위해 하는 것이다.
- 게임이 재미있으려면 좋은 게임 친구가 필요하다.

2. 좋은 게임 친구 되기 규칙

1) 게임의 규칙을 지킨다.

2) 차례를 지킨다.

- 순서를 지켜 번갈아 가며 한다.
- 스포츠 경기를 할 때 공을 독차지하지 않는다.
- 비디오 게임을 할 때는 게임기를 번갈아 사용한다.

    Q. 만약 사이좋게 나누어 차례대로 하지 않는다면?

    (아무도 함께 놀고 싶어 하지 않을 것이다.)

3) 친구를 칭찬한다.

- 게임 중 칭찬의 예:

· "잘했어, 와"	· "나이스"
· "우와! 짱이다"	· "헐"
· "최곤데?"	· "대박"
· "멋지다!"	· 하이파이브 하기
· "Okay! 좋아!"	· 엄지손가락 올리기

4) 게임하는 동안 대장이나, 선생님처럼 행동하지 않는다.

- 친구들의 잘잘못을 판정하거나, 지시를 내리거나 다른 친구들에게 대장처럼 행동하지 않는다.
- 사람들은 대장행세를 하는 사람과 어울리고 싶어 하지 않는다.
- 친구가 도움을 부탁할 때가 아니면, 충고나 조언을 함부로 해서 "도와주지" 않는다.
- 친구를 도우려고 한 행동인데도, 대장 노릇을 하려는 것처럼 보일 수 있다.
- 사람들은 명령하듯이 말하는 친구와 어울리고 싶어 하지 않는다.

5) 지루해지면 변화를 제안한다.

- 게임을 하는 중에 가 버리거나 "재미없어."라고 말하지 않는다.

   Q. 왜 그렇게 말하면 안 될까요?

   A. 다른 사람의 기분을 상하게 할 수도 있다.

- 상대방은 재미있을 수도 있기 때문에 의견을 물어야 한다.
- 지루하거나 재미가 없어졌을 때는 "이것 끝나고 나서 다른 것 하면 어때?"라고 말한다.

6) 이겼을 때 뽐내거나 진 사람을 놀리지 않는다.

   Q. 왜 이렇게 하면 안 될까요?

- 친구가 다시는 당신과 함께 놀고 싶어 하지 않을 수도 있다.
- 이긴 것이 대단한 일이 아닌 것처럼 행동한다.
- 지나치게 흥분해서 뽐내거나 진 사람을 고소해 하면, 다른 사람의 기분이 나빠진다.
- 입장 바꿔 생각하기/ 공감하기

7) 졌을 때 울거나 화내지 않는다.

- 삐치거나 화내면, 앞으로는 다른 친구들이 더 이상 놀고 싶어 하지 않게 된다.

   Q. 게임은 왜 하는가? 이기기 위해 하는가?

   A. 재미있게 놀기 위해 하는 것. 이기면 더 좋지만 졌어도 재미있게 놀았다면 충분!

8) 게임이 끝날 때 "재밌었어" 또는 "잘 놀았어"라고 말한다.

- 이런 행동은 아동이 좋은 게임 친구임을 보여 준다.
- 좋은 매너와 행동은 다른 사람의 기분을 좋게 만든다.
- 인기 있는 따뜻한 친구로 가는 비결 중 하나이다.

3. 시범 보이기

- 적절한 시범과 부적절한 시범을 보이고 이야기 나눈다.
- 차례를 지키지 않는 상황(자기만 하려는 상황, 집중하지 못해 차례를 놓치는 상황 등)
- 지고 있는 상황에 대해 참지 못하고 화를 내거나 우는 상황
- 심판관처럼 지적하고 가르치는 상황
- 게임에서 지고나서 서로를 탓하는 상황
- 이기고 잘난 척 하는 상황 등

이제부터 선생님들이 시범을 보일 거예요. 잘보고 무엇이 잘못되었는지, 잘되었는지 이야기해주세요.

바르지 않은 예

진행교사: (게임에 집중하지 않고 다른 생각하듯 멍하게 있다)

보조교사: (교사를 바라보며) 야, 네 차례야.

진행교사: (깜짝 놀라며 주사위를 던진다) 아 그래? 6이다. 6칸 간다~

보조교사: (주사위를 받아들고) 앗싸, 내 차례.

　(말을 옮긴 후 다시 교사를 바라본다.)

진행교사: (또 멍하게 있다)

보조교사: (짜증스러운 표정으로) 야, 네 차례야. 하기 싫으면 하지 말자.

진행교사: 아냐, 아냐 할 거야.

자, 여기까지입니다. 어떤가요?

　(대답: 친구(교사)가 게임에 집중하지 않고 자꾸 다른 생각을 해서 게임을 재미없게 만들고 있다.)

자, 한번 더 보세요.

바르지 않은 예

진행교사: 와~이겼다. 앗싸.

보조교사: (교사를 바라보며 울먹인다) 졌어...

진행교사: (손을 흔들며 승리의 기쁨을 표현한다) 내가 이긴다고 했지~!! 앗싸. 게임도 못하면서.

보조교사: (씩씩거리며 억울한 듯 교사를 바라보며 우는 표정을 짓는다.)

진행교사: (보조교사를 바라보며 놀리 듯)하하하 너 울어? 졌다고 울어? 하하하.

보조교사: (더 씩씩거리며 소리지르듯) 아니거든.

자, 여기까지입니다. 어떤가요?

　(대답: 친구(교사)는 이겼다고 너무 잘난 척을 했고 또 다른 친구(보조교사)는 졌다고 화내며 울었다.)

4. 역할극

- 다음 회기에 보드게임을 하면서 이번 회기에서 배운 내용을 적용해볼 것이다.
- 좋아하는 보드게임은 무엇이며 어떤 게임을 가져올지 의논한다.
- 함께 할 보드게임이 결정되면 게임에 대한 간단한 규칙을 서로 이야기하여 다음 시간에 있을 수 있는 혼란을 대비한다.

Part 3. 프로그램의 실제 : ~여행메뉴판~ 우리는 따친모

5. 파워카드

- 카드의 캐릭터는 집단 구성원 중 한 명이 좋아하는 캐릭터로 만든다.
- 카드를 나눠주고 누가 좋아했던 캐릭터였는지 확인하며 서로의 관심사를 한번 더 점검한다.
- 좋은 게임 친구 되기

좋은 게임 친구 되기	
1. 게임의 규칙을 지킨다. 2. 차례를 지킨다. 3. 친구가 게임을 잘 할 경우 친구를 칭찬한다. 4. 대장이나 선생님처럼 행동하지 않는다. 5. 지루해지면 변화를 제안한다. 6. 이겼을 때 지나치게 자랑하거나 진 사람을 놀리지 않는다. 7. 졌을 때 울거나 화내지 않는다. 8. 게임이 끝날 때, "재밌었어" 또는 "잘 놀았다"라고 말하며 좋은 기분을 공유한다.	

Ⅲ. 정리

1. 돌아보기

1) 발표하기

- 새롭게 배운 점, 도움이 된 점, 자신 또는 다른 친구들을 칭찬할 점 등을 발표한다.

2) 일지쓰기

- 일지를 나눠주고 기록하도록 한다.
  ☞ '발표하기' 또는 '일지쓰기' 중 한 활동을 하여 정리한다.

2. 과제

1) 집단 구성원이 아닌 친구(친척도 좋음)와 전화통화를 한다.

- 대화 십계명과 바른 전화예절을 생각하며 전화통화를 하여 공통점을 찾는다.

2) '놀림 재미없게 만들기(놀림 노잼)' 규칙을 확인하고 가정에서 부모님과 반복 연습한다.

- 놀림에 대처하기 위한 연습 상황임을 아동에게 늘 상기시키고 마음의 준비를 하게 한 후 시작한다.

- "집에서도 화를 내면 나가서는 더 화를 내거나 싸우는 상황이 될 수도 있다"
- "화를 내는 것은 놀리는 아동을 더 재미있게 만드는거야, 노력하자!!" 등 격려한다.

3) 대화에 끼어들기 연습을 한다.

- 부와 모가 또래집단의 역할을 하여 아동이 끼어드는 연습을 한다.

4) '감정 표현하기'와 '공감하기', '칭찬주고받기'를 부모님과 연습한다.

5) 부모님을 도와주거나 도움을 청해본다.

6) 주장조절하기를 연습한다.

- 외식의 상황, 과제 수행의 상황 등 부모의 주도하에 주장조절하기 연습한다.

7) 친구들과 함께 할 수 있는 보드게임을 가져온다(나이에 적합한 보드 게임, 카드 게임 등).

　⑴ 혼자 하는 게임은 가져오지 말 것

　⑵ 집단 구성원들과 함께 쓰고 싶지 않은 것, 파손 혹은 분실 우려가 있는 것 가져오지 말 것

3. 자유시간

1) 간식을 나눠준다.

2) 약 10여 분간의 자유 시간을 제공한다. 단, 교실 밖으로는 나가지 않도록 한다.

따친모 15. 좋은 게임 친구 되기2

목 표	· 여럿이 어울려 게임을 규칙대로 할 수 있으며 게임의 결과를 적절히 수용할 수 있고 즐겁게 놀이할 수 있다.
준비물	이름표, 활동일지, 펜, 파워카드, 다양한 보드게임

단 계	활동 내용

도 입	🐨 인사하기 및 출석 확인
	
	🐨 규칙 점검하기
	
	🐨 과제 점검하기
	  – 집단 구성원이 아닌 누구와 통화했는지, '전화예절'과 '대화 십계명'을 기억하며 통화를 했는지 점검
	  – 놀림에 대처하기 연습에 대해 점검
	  – 대화에 들어가기 연습에 대해 점검
	  – 부모와 감정표현 및 공감하기, 칭찬 노트(도움주기), 주장 조절하기 점검
	
	🐨 주제 소개 및 주제 정의하기
	  – 오늘의 주제 '좋은 게임 친구 되기 2'를 소개한다.
	  – 지난 시간에 정리했던 '좋은 게임 친구'에 대한 우리들만의 정의를 큰소리로 읽는다.
	
	🐨 주제 도입하기
	  – 좋은 게임 친구 되기의 규칙을 확인한다. (파워카드 활용)

전 개	🐨 주제 설명하기
	  – 각자 가져온 게임들을 꺼내 소개한다.
	  – 게임 중 우선순위를 정해 실시한다.
	  – 게임을 추천한 아동이 모두를 위하여 게임의 규칙을 다시 한번 설명한다.
	  – 팀을 나눠 할 수 있도록 한다.
	  – 실제로 게임을 함께 하며 좋은 게임 친구 되기를 실시한다.
	
	🐨 역할놀이
	  – 아동들이 제안한 게임을 실제로 하며 '좋은 게임 친구 되기'를 실시한다.

정 리

🐨 돌아보기

- 이번 시간에 새롭게 배운 점, 도움이 된 점, 칭찬할 점 등을 발표하기 또는 일지에 기록하며 점검한다.

🐨 과제 나누기

- 집단 구성원 외의 친구(친척도 좋음)와의 전화를 시도한다.
- 칭찬 일기 작성 : 칭찬 노트를(아동용, 부모용) 적어오도록 한다.
- 엄마와 '놀림 재미없게 만들기(놀림 노잼)'를 연습한다: 이 상황은 아동이 능숙해지기 위한 연습과정임을 늘 상기시키고 격려해준다.
- 가정에서도 부모님의 대화에 참여하기 연습을 한다.
- 가능하다면 새로운 집단 혹은 학교에서 실행해보도록 한다.
- 가정에서 '좋은 게임친구 규칙'을 확인하고 부모님과 보드게임을 실시한다.
  - ☞ 마무리하면서 그 동안 모았던 전체 토큰의 수를 확인하고 파티의 규모를 결정한다.

🐨 간식 및 자유놀이

- 간식을 먹으며 자유놀이하기

Part 3. 프로그램의 실제
: 우리는 따친모에요~!!

활동 지도안 15

Ⅰ. 도입

1. 인사하기 및 출석 확인

1) 이름표를 나눠주며 반갑게 인사한다.

2) 칠판에 구성원들의 이름을 적으며 출석을 확인한다.

- 칠판에 쓴 아동들의 이름 옆에 오늘의 기분에 대한 얼굴표정(😊, 😐, 😟)을 간략하게 그려 넣는다.
- 특별한 기분을 말할 경우 간단하게 왜 그런 기분을 느꼈는지 묻고 다른 아동들에게 경청하도록 한다.
- 친구들의 기분에 대해 공감하도록 한다.
- 출석을 확인한 후 이름 옆에 토큰을 그려 넣는다.

2. 규칙 점검하기

1) 규칙을 확인하며 하나씩 칠판에 적고 큰소리로 함께 읽는다.

① 경청하기
② 손들고 말하기
③ 존중하기(놀리거나 다른 사람을 비웃지 않기)
④ 신체접촉 조심하기(때리기, 차기, 밀기, 안기 등 하지 않기)
⑤ 위의 규칙을 모두 잘 지키기

3. 과제 점검하기

1) 전화통화하기

- 집단구성원이 아닌 외부인과 통화를 했는지 손을 들어 확인한다.
- '바른 대화 십계명'과 '전화통화 예절'을 생각하며 전화통화를 하여 공통점을 찾는다.

2) 가족 과제

- '놀림에 대처하기(놀림 노잼)' 연습에 대해 발표한다.
- 주장조절하기에 대해 발표한다.
- 대화에 들어가기에 대해 발표한다.

- 아빠나 엄마, 가족들 간의 감정표현과 공감을 어떻게 했는지 발표한다.
- 부모님께 칭찬 받은 일, 부모님께 칭찬을 드린 일을 발표한다.
- 부모님께 도움을 드린 일, 도움을 받은 일에 대해 발표한다.
  - ☞ 과제 수행에 대해 칭찬하고 토큰을 제공한다.

4. 주제 소개 및 주제 정의하기

1) 오늘의 주제 '좋은 게임친구되기 2'에 대해 이야기한다.

2) 지난 시간 정리 했던 "좋은 게임친구"에 대한 정의를 확인한다.

따친모 Episode '좋은 게임 친구'우리들만의 정의

"좋은 게임 친구란, 규칙과 게임 룰을 잘 지키고 져도 쿨하게 넘어가고 성질내지 않으며 바른 자세로 집중하면서 즐겁게 참여하고 정정당당하게 하는 친구이며 팀원 때문에 져도 화풀이하지 않아야한다."

"좋은 게임 친구란, 게임을 좋아하면서 잘하고 팀을 위해 자신을 희생하며 결과에 승복할 줄 아는 친구"

5. 주제 도입하기

- 아동들이 가져온 보드 게임을 꺼내 소개한다.
- '좋은 게임 친구되기' 규칙을 모두와 함께 확인한다.

Ⅱ. 전개

1. 좋은 게임 친구 되기 규칙

1) 게임의 규칙을 지킨다.

2) 차례를 지킨다.

3) 친구가 게임을 잘 할 경우 친구를 칭찬한다.

4) 대장이나 선생님처럼 행동하지 않는다.

5) 지루해지면 변화를 제안한다.

6) 이겼을 때 지나치게 자랑하거나 진 사람을 놀리지 않는다.

7) 졌을 때 울거나 화내지 않는다.

8) 게임이 끝날 때, "재밌었어" 또는 "잘 놀았다"라고 말하며 좋은 기분을 공유한다.

2. 교사의 역할

1) 아동들이 가져온 게임을 소개하고 팀을 나눈다.

　⑴ 하고 싶은 게임의 우선순위를 정한 후 팀을 나눈다.

　⑵ 원하는 게임에 따라 팀을 정할 수 있다.

　　☞ 게임을 시작하기 전, 즐거움도 중요하지만 지금은 아동들이 따뜻한 친구, 좋은 게임 친구가
　　　되기 위한 연습의 시간이므로 교사들이 규칙을 지키지 않을 경우 도움을 주거나 게임을 멈
　　　추게도 할 수 있음을 강조한다.

2) 교사와 보조교사는 게임의 일원이 되기보다는 팀별 게임의 진행을 살피며 '좋은 게임 친
구 되기' 규칙을 지키며 게임을 할 수 있도록 돕는다.

3. 게임 전 공지사항

• 그 동안 '따친모'에서 여러분들이 배웠던 따뜻한 친구로서의 예절, 매너 등을 총동원하여 친구들
　과 어울려 즐겁게 놀이하면 된다.

1) 서로의 관심사에 대해 이야기하고 공통의 관심사를 찾게 되면 이에 대해 꼬리를 물며 대
화를 나눈다.

2) 이때, 내 감정이나 마음도 말과 행동으로 표현하고 친구의 감정도 공감해준다.

3) 때로는 도움이 필요하다면 도움을 청하기도 하고 칭찬을 서로 하며 긍정의 감정을 공감
할 수도 있다.

4) 놀이 중 친구를 놀리거나 내 마음대로만 하려고 하면 안 된다. 모두가 승-승하도록!!

5) 승패에만 매달리지 말고 게임의 원래 목적을 기억하며 재밌게 하면 된다.

6) 이 모든 것을 여러분은 알고 있고 그 기술 또한 잘 배워 알고 있다.

7) 그러나 안다고 해서 다 잘 하는 것은 아니다. 꾸준히 연습하고, 놀이할 때 진짜 "써먹어
야 한다."

8) 알면서도 안하고 내 마음대로만 하려고 하면 '따뜻한 친구'가 아니라 '따돌림 받는 친구'가 될 수도 있다.

9) '칭찬 자격증'도 받은 따뜻한 친구로서 친구들에게 멋진 친구가 되길 바란다.

10) 칠판에 적혀있는 좋은 게임 친구 되기 규칙을 잊지 않고 한시간 동안 즐겁게 게임을 하며 놀기 바란다.

4. 파워카드

- 카드의 캐릭터는 집단 구성원 중 한 명이 좋아하는 캐릭터로 만든다.
- 카드를 나눠주고 누가 좋아했던 캐릭터였는지 확인하며 서로의 관심사를 한번 더 점검한다.
- 큰소리로 카드를 읽고 마무리한다.

따뜻한 친구 되기	
① 공통점이 있는지 대화하기 ② 경청하며 주고받는 대화하기 ③ 예의바른 전화통화하기 ④ 내 감정 표현하고 친구 감정 공감하기 ⑤ 웃으며 칭찬하고 당당하게 칭찬받기 ⑥ 친절하게 도움주고 고마워하며 도움받기 ⑦ 둘 다 승리하는 주장 조절하기 ⑧ 놀림에 무관심하게 반응하기(스폰지군사) ⑨ 잘 보고 잘 들어 친구대화에 끼어들기 ⑩ 승리와 패배를 인정하는 멋진 친구 되기 ♣ 언제든 "이오삼스" 규칙!!	

Ⅲ. 정리

1. 돌아보기

1) 발표하기

- 새롭게 배운 점, 도움이 된 점, 자신 또는 다른 친구들을 칭찬할 점 등을 발표한다.

2) 일지쓰기

- 일지를 나눠주고 기록하도록 한다.
  - ☞ '발표하기' 또는 '일지쓰기' 중 한 활동을 하여 정리한다.

2. 과제

1) 집단 구성원이 아닌 친구(친척도 좋음)와 전화통화를 한다.

- 대화 십계명과 바른 전화예절을 생각하며 전화통화를 하여 공통점을 찾는다.

2) '놀림 재미없게 만들기' 규칙을 확인하고 가정에서 부모님과 반복 연습한다.

- 놀림에 대처하기 위한 연습 상황임을 아동에게 늘 상기시키고 마음의 준비를 하게 한 후 시작한다.
- "집에서도 화를 내면 나가서는 더 화를 내거나 싸우는 상황이 될 수도 있다"
- "화를 내는 것은 놀리는 아동을 더 재미있게 만드는거야, 노력하자!!" 등 격려한다.

3) 대화에 끼어들기 연습을 한다.

- 부와 모가 또래집단의 역할을 하여 아동이 끼어드는 연습을 한다.

4) '감정 표현하기'와 '공감하기', '칭찬주고받기'를 부모님과 연습한다.

5) 부모님을 도와주거나 도움을 청해본다.

6) 주장조절하기를 연습한다.

- 외식 상황, 과제 수행 상황 등에서 부모의 주도하에 주장조절하기를 연습한다.

7) 부모님과 가정에서 보드게임을 실시한다.

  - ☞ 마무리하면서 그 동안 모았던 전체 토큰의 수를 확인하고 파티의 규모를 결정한다.

3. 자유시간

1) 간식을 나눠준다.

2) 약 10여 분간의 자유 시간을 제공한다. 단, 교실 밖으로는 나가지 않도록 한다.

따친모 16. 졸업식

목 표   · 모든 활동을 점검하고 복습하며 헤어짐을 준비하고 새로운 출발에 대해 기대한다.

준비물   졸업장, 졸업선물, 파워카드(1~14회기)

단 계	활동 내용
도 입	🐷 인사하기 및 출석 확인 🐷 규칙 점검하기 🐷 과제 점검하기 　– 지난 시간에 배운 내용을 확인한다. (파워카드 활용 가능) 　– 과제 발표: '전화예절'과 '대화 십계명'을 기억하며 통화를 했는지와 통화한 날의 　　친구들의 감정이 어땠는지를 중심 내용으로 과제 점검 🐷 주제 도입하기 　　Q, 오늘은 무슨 날인지? 　– '따뜻한 친구 되기 모임'의 마지막 시간이며 우리는 이제 따뜻한 친구가 될 수 있 　　는 준비가 된 사람들임을 상기한다.
전 개	🐷 설명하기 　1. 프로그램 전체 내용을 정리한다. 　　: 1회기부터 14회기까지의 내용을 정리한다. 　　: 파워카드를 활용하여 게임을 통해 정리하도록 한다. 　　: 경청과 입장바꿔 생각하기(공감)가 따뜻한 친구되기에 가장 중요한 핵심 기술 　　　임에 대해 강조한다. 　2. 친구들 서로에게 한마디씩 칭찬을 한다. 　3. 앞으로의 나의 모습에 대해 한명씩 이야기하도록 한다.
정 리	🐷 졸업식 　– '따뜻한 친구' 수료증 및 상장 받기 　– 그 동안 배운 것들을 항상 기억하여 사용하고 부모님 또한 적극적으로 기술을 확 　　인하고 도움을 줄 것을 당부한다. 　– 지금까지 수고한 모두에게 격려의 박수를 치고 맛있는 음식을 먹으며 졸업파티 　　를 한다.

Part 3. 프로그램의 실제
: 우리는 따친모예요~!!

활동 지도안 16

Ⅰ. 도입

1. 인사하기 및 출석 확인

1) 이름표를 나눠주며 반갑게 인사한다.

2) 칠판에 구성원들의 이름을 적으며 출석을 확인한다.

- 칠판에 쓴 아동들의 이름 옆에 오늘의 기분에 대한 얼굴표정(☺,☺,☺)을 간략하게 그려 넣는다.
- 특별한 기분을 말할 경우 간단하게 왜 그런 기분을 느꼈는지 묻고 다른 아동들에게 경청하도록 한다.
- 친구들의 기분에 대해 공감하도록 한다.
- 출석을 확인한 후 이름 옆에 토큰을 그려 넣는다.

2. 규칙 점검하기

1) 규칙을 확인하며 하나씩 칠판에 적고 큰소리로 함께 읽는다.

① 경청하기
② 손들고 말하기
③ 존중하기(놀리거나 다른 사람을 비웃지 않기)
④ 신체접촉 조심하기(때리기, 차기, 밀기, 안기 등 하지 않기)
⑤ 위의 규칙을 모두 잘 지키기

3. 과제 점검하기

1) 전화통화하기

- 집단구성원이 아닌 외부인과 통화를 했는지 손을 들어 확인한다.
- '바른 대화 십계명'과 '전화통화 예절'을 생각하며 전화통화를 하여 공통점을 찾는다.

2) 가족 과제

- 부모님과 실시한 보드게임에 대해 발표한다.
- '놀림에 대처하기(놀림 노잼)' 연습에 대해 발표한다.
- 주장조절하기에 대해 발표한다.

- 대화에 들어가기에 대해 발표한다.
- 아빠나 엄마, 가족들 간의 감정표현과 공감을 어떻게 했는지 발표한다.
- 부모님께 칭찬 받은 일, 부모님께 칭찬을 드린 일을 발표한다.
- 부모님께 도움을 드린 일, 도움을 받은 일에 대해 발표한다.
  ☞ 과제 수행에 대해 칭찬하고 토큰을 제공한다.

4. 주제 도입하기

 Q. 오늘은 무슨 날인지?
- '따뜻한 친구 되기 모임'의 마지막 시간이며 우리는 이제 따뜻한 친구가 될 수 있는 준비가 된 사람들임을 상기한다.

II. 전개

- 프로그램 전체 내용을 정리한다.
- 1회기부터 14회기까지의 내용을 정리한다.
- 파워카드를 활용하여 게임을 통해 정리하도록 한다.
- 경청과 입장바꿔 생각하기(공감)가 따뜻한 친구되기에 가장 중요한 핵심 기술임에 대해 강조한다. 친구들 서로에게 한마디씩 칭찬을 한다.
- 앞으로의 나의 모습에 대해 한명씩 이야기하도록 한다.
- 부록에 있는 '따뜻한 친구되기' 를 코팅하여 나눠준다.

III. 정리

1. 준비한 상장과 선물을 나눠준다.
2. 개인별 토큰의 수를 확인하고 제일 많이 받은 아동부터 상장과 선물을 준다.
3. 상장은 '따뜻한 친구' 가 된 수료증과 아동의 특성을 고려한 개별상을 준비하여 준다.
4. 준비한 음식을 모두 함께 나눠 먹으며 졸업파티를 즐긴다.

PART 4
부모용 유인물

'따뜻한 친구되기 모임'에 대한 소개

1. '따뜻한 친구되기 모임' 프로그램 설명하기

1) '따친모'는 경험이나 활동 중심의 프로그램이 아닌 친구를 사귀거나 또래 집단에 참여하기 위한 상황을 설명하고 상황에 맞는 관련 사회기술이 무엇인지와 필요한 이유, 실행을 위한 구체적 방법을 설명하고 연습하게 되는 이해 중심의 프로그램입니다.

2) 이 프로그램에 참여하게 되는 자녀들의 특성을 고려하였을 때 집단 활동의 경험 중심 프로그램도 중요하지만 이보다는 왜 이 기술이 필요한 것인지, 이 사회성 기술은 어떻게 해야 하는 것인지, 그리고 그렇게 했을 때 어떤 결과가 나오는지 등 인지적 설명으로 접근할 필요가 있습니다.

3) 주 1회 90분씩 총 16회의 모임을 갖게 될 것입니다.

4) 매 회기 "출석-규칙 확인-과제발표-개념정의-주제설명-시범 보이기-역할놀이 및 연습-일지 작성-간식 및 자유놀이"의 순서로 수업이 진행됩니다.

5) 부모님들은 '따친모' 집단 활동에서 자녀들이 배우는 사회성 기술과 동일한 내용의 교육을 받게 될 것입니다.

6) 이는 자녀들이 '따친모'에서 배운 것을 부모가 구체적으로 알고 자녀가 배운 내용대로 가정에서 부모와 자녀가 함께 반복하여 연습할 수 있도록 하기 위함입니다.

2. '따뜻한 친구되기 모임' 부모 교육 내용

1) 아동 회기에는 자녀들이 사회적 상황에서 만날 수 있는 어려운 일들에 어떻게 대처해야 하는지 (상황 이해, 타인의 상황 및 감정 이해, 그에 따른 나의 태도 등)에 대한 지침을 가르치고 있습니다.

2) 각 회기의 내용에 대해서 부모님께 알려 드릴 것입니다.

3) 부모님과 자녀들이 회기에서 배운 기술을 연습하기 위해, 매 회기마다 일상생활(가정과 학교)에서 할 수 있는 과제를 드릴 것입니다.

4) 부모와 자녀가 가정에서 수행한 과제는 매 회기 아동 수업시간에 점검하게 됩니다.

5) 이 집단의 부모님께서 하실 일 중 가장 중요한 두 가지는 다음과 같습니다.

　(1) 가정에서 자녀와 수시로 연습을 해야 합니다.

　(2) 자녀가 가정이 아닌 외부에서 친구들과도 사용하며 일반화시킬 수 있도록 격려하고 지원하는 역할을 해야 합니다.

Part 4. 부모용 유인물

6) 배운 기술을 일반적인 상황에서 적절히 활용하는데 어려움이 있는 자녀들의 특성을 고려하여 이러한 교육을 제공하는 것입니다. 따라서 부모님들의 적극적인 참여와 과제 수행이 무엇보다도 중요합니다.

7) 습득한 것을 유지하고 실생활에서 사용하기 위해서는 많은 연습이 필요합니다. 이를 위해 자녀와 함께 과제를 성실히 수행해야 합니다. 자녀가 과제를 하려고 하지 않는다고 해서 포기하시거나 화를 내지 않도록 노력해야 합니다.

8) 매 회기 두 종류의 과제를 제공합니다.

　(1) 그날 배운 것을 부모와 가정에서 연습하는 것

　(2) 집단 구성원 중 한 명과 배운 것을 전화로 연습해 보는 것

9) 그날 배운 것을 부모와 가정에서 연습하는 것을 하기 위해서는 매주 제공되는 유인물을 잘 활용해야 합니다.

　(1) 과제를 할 일정 시간을 정해 규칙적으로 연습합니다.

　(2) 시작하기 전 부모와 자녀가 함께 유인물을 읽고 연습을 합니다.

　(3) 연습 후에는 과제를 수행한 자녀를 격려하고 칭찬합니다.

10) 집단 구성원 중 한 명과 배운 것을 전화로 실습해 봅니다.

　(1) 매 회기 프로그램을 종료하기 전 짝꿍을 정할 것입니다.

　(2) 그 친구와 시간을 정해 주 1회 전화통화를 합니다.

　(3) 주어지는 과제를 하기 전 유인물 또는 파워카드를 확인하고 과제를 확인한 후 통화를 합니다.

　(4) 부모의 지나친 간섭은 오히려 방해가 되고 감시당하는 기분을 들게 할 수 있습니다.

　(5) 개입을 하지 않도록 하며 자녀가 원한다면 자리를 피해주세요.

　(6) 통화가 끝난 후에는 통화한 내용에 대한 확인보다는 통화하는 과정에서 느껴진 감정이나 생각 등에 대해 대화를 나누고 과제를 수행한 것에 대해 격려하고 칭찬합니다.

11) 매 회기 제공되는 유인물은 파일에 잘 보관하여 수시로 확인할 수 있도록 합니다.

12) 자녀가 배운 내용을 부모가 동일하게 알고 있다면 자녀가 어려운 사회적 상황에 처했을 때 부모의 방식이 아닌 자녀가 배워 알고 있는 익숙한 방식대로 도움을 줄 수 있게 됩니다.

13) 이를 명심하여 과제를 성실히 수행할 수 있는 부모와 자녀가 되도록 노력해야 합니다.

14) 마지막 회기에는 졸업식이 있습니다. 이때 졸업파티를 하게 됩니다. 졸업파티는 부모님들이 준비해주시기 바랍니다. 매 회기 자녀들이 적극적으로 참여하여 모은 토큰의 수를 기준으로 하여 파티의 규모는 정해집니다. 이는 자녀들과 교사가 결정하게 될 것입니다.

　예를 들어, 모아진 토큰의 수가 적어 소규모 파티를 벌이게 된다면 간단한 과자와 음료를 준비해

주시면 됩니다. 중간 정도의 규모는 치킨 또는 피자 파티, 대규모는 치킨과 피자, 음료가 제공이 되는 파티 정도를 생각하시면 됩니다. 파티의 규모나 그에 따른 음식의 종류 등은 '따친모' 수업 과정에서 결정이 될 것이며 자녀들의 적극적인 참여를 지원하고 과제 수행을 격려하기 위해 부모님들의 협조를 부탁드립니다.

1. '관심사 알아보기'

1) 서로 알아가기 위한 대화 나누기 방법

(1) 상대방에 대해 궁금한 점을 물어본다. (예: 흥미, 취미, 주말 활동)

예) 너는 좋아하는 TV 프로그램이 뭐야?

너는 무슨 게임 좋아해?

일요일에 뭐했니? 등

(2) 나의 질문에 상대방이 대답을 했다면, 이번에는 그 질문에 스스로도 답한다.

예) 나는 런닝맨 완전 좋아해.

나는 만수르 게임 좋아하는데, 해본적 있어?

일요일에 나는 엄마랑 롯데월드 갔다왔어.

☞ 주고받는 대화를 하기 위해서는 일방적으로 한 사람만 이야기하는 것이 아니라 묻기도 하고 답을 하기도 해야 함을 설명합니다.

(3) 질문을 주고받으며 서로의 관심사를 찾는다.

- '관심사 알아보기'활동을 하며 가장 중요한 목적은 공통의 관심사를 찾는 것이다.
- 서로의 관심사에 대해 알아보는 과정에서 공통점을 찾을 수 있다.
- 다른 사람이 싫어하는 것이 무엇인가에 주의를 기울일 필요가 있다.
- 그 사람이 싫어하는 것은 되도록 하지 않도록 조심해야 한다.
- 왜냐면 싫어하는 행동을 하는 사람을 그 누구도 좋아하지 않기 때문이다.
- 친구를 사귀고 싶고 사람들이 여러분을 좋아하기를 원한다면 상대방이 싫어하는 일은 하지 않아야 한다.
- 공통의 관심사는 우정의 기초가 되기 때문에 공통점을 찾는 것은 중요한 활동이다.

(4) 주고받는 대화를 나눈다.

- 다른 사람이 먼저 대화를 할 수 있게끔 잠깐 침묵하는 것도 중요하다.

2) 지나치게 나의 관심사에 대해서만 이야기하지 않도록 주의해야 한다.

- 한 사람만 계속 이야기하면 상대방을 불편하게 할 수 있으며, 더 이상 대화가 유지될 수 없다.

3) 상대방이 대화에 확실히 흥미가 있는지 확인해야 한다.

- 나의 질문에 대답을 하는가?

- 나에게 질문을 하는가?

- 눈을 마주치고 있는가?

- 얼굴을 찡그리거나 다른 곳을 많이 보고 있지는 않는가?

- 만일 나의 이야기를 듣고 싶어하지 않는 것처럼 보인다면 더 이상 질문하지 말고 가볍게 "안녕" 또는 "나 간다"라고 인사하고 그 자리를 떠나라.

2. 과제하기

1) 이번 주에 부모는 자녀와 함께 '관심사 알아보기'를 연습한다.

　(1) 연습을 하기 전에 자녀와 함께 '관심사 알아보기'의 규칙들을 점검한다.

　(2) 부모와 자녀의 관심사를 물어보며 공통의 관심사를 찾아본다.

2) 집단 구성원과의 통화

　(1) 통화하기 전

- 전화통화의 목적을 확인한다.

- '관심사 알아보기'를 자녀와 함께 점검한다.

　(2) 통화하는 동안에

- 서로의 관심사를 묻는다.

- 공통의 관심사가 있는지 확인한다.

　(3) 통화하고 난 뒤에

- 전화통화를 한 후의 느낌을 나눈다.

- 통화를 한 친구의 관심사가 무엇이었는지 확인한다.

3. 과제 길라잡이

1) '관심사 알아보기' 과제

- 자녀가 먼저 질문하는 것에 어려움을 보이면 부모가 먼저 질문을 시작한다.

　예1) 부모: 우리 서로의 관심사 알아보는 숙제하자. 너는 무슨 색깔 좋아하니?

　　　　　　(자녀가 답할 시간을 기다린 후, 답을 하면)

　　　부모: 아, 그렇구나. 엄마는(아빠는) 연두색 좋아하는데

　예2) 부모: 우리 서로의 관심사 알아보는 숙제하자.

엄마는 연두색 좋아하는데 너는 무슨 색 좋아했지?

- 약간의 변형을 주어 상대방에게 자신의 관심사나 좋아하는 것에 대해 먼저 이야기하고 질문을 하는 방법으로도 대화를 나눈다.
- 이 과제의 핵심은 공통의 주제를 찾아보는 것이다.

2) 전화하기 과제

- 통화 전 '관심사 알아보기' 유인물을 함께 읽으며 그 내용을 확인한 후에는 자녀들이 통화하는 중에 개입하지 않는다.
- 통화 후 자녀에게 잘못되었다거나 지적하는 이야기를 하지 않는다.
- 지적은 자녀의 용기를 잃게 하거나 과제를 더 이상 하고 싶어 하지 않게 만들 수 있다.
- 자녀들은 '지적'에 너무 익숙해져 있다. 따라서 학습된 무기력이 나타나기도 하고 새로운 것을 습득하는데 흥미를 잃을 수 있다.
- 과제를 하기 전 할 수 있다는 긍정적 지원과 과제를 수행한 것만으로도 수고한 것에 대한 충분한 칭찬이 우선되어야 한다.
- 부모가 없는 상황에서 전화를 하고 싶어 할 수 있으므로 통화를 하기 전 부모는 어디에 있을지 묻고 자녀의 의견을 수용한다.
- 처음 한 두 회기에서는 통화 후 친구와 통화하여 알게 된 친구의 관심사와 공통의 관심사에 대해 잘 기록하도록 격려하여 과제를 완수할 수 있도록 확인한다.

3 바른 대화 십계명

1. 바른 대화 십계명

1) 상대방 상태 살피기

• 상대방의 상태를 살핀 후 괜찮다면 대화를 시작해야 한다.

    Q. 상대가 바쁘게 움직이거나 힘들어한다면?

    Q. 상대가 이야기하는데 찡그리고 있다면?

• 이때는 대화하기에 적절한 때가 아니다.

2) 꼬리 물어 질문하기

• 꼬리 물어 질문하기는 대화가 유지되도록 특정한 주제에 대해 질문하는 것이다.

• 예를 들어, 만약에 누군가에게 어떤 운동을 좋아하는지 질문하였고 그 사람이 야구를 좋아한다고 말하였다면, 좋은 꼬리무는 질문은 "좋아하는 야구팀이 있니?" 혹은 "좋아하는 야구 선수는 누구니?"라고 한 주제에 대해 꼬리를 물어 질문하는 것이다.

    ① 너는 어떤 TV 프로그램을 좋아하니?

    ② 너는 어떤 음식을 좋아하니?

    ③ 너는 어떤 게임을 좋아하니?

    ④ 너는 어떤 책을 좋아하니?

    ⑤ 너는 무슨 학원 다녀?

3) 대화를 독차지하지 않기

• 상대방의 말을 중간에 끊지 않고 상대방이 이야기할 수 있도록 한다.

• 상대방의 이야기를 잘 듣고 그 주제에 맞게 꼬리무는 질문을 한다.

4) 친구의 말에 경청하기

• 꼬리무는 질문을 하기 위해서 무엇보다도 중요한 것은 경청하기이다.

• 질문을 하였다면, 상대방에게 질문에 대한 대답을 들어야 한다.

• 똑같은 질문을 반복하지 않는다.

• 경청은 친구에게 관심이 있다는 것을 나타내는 긍정적인 행동이다.

5) 같은 말 반복하지 않기

• 같은 것에 대해 반복해서 말하지 않아야 한다.

Part 4. 부모용 유인물

- 특히 나만의 관심사에 대해 반복하지 않아야 한다.
- 몇 가지 다른 주제에 대해 이야기 하도록 노력해야 한다.

6) 놀리거나 비평하지 않기

- 다른 사람이 말한 것을 놀리거나 웃음거리로 만들지 않아야 한다.
- 다른 사람이 하는 말을 놀리거나 비판하면 그 사람의 기분을 상하게 만들 수 있다.
- 늘 입장 바꿔 생각하도록 노력해야 한다.

7) 목소리 크기 조절하기

- 너무 조용하거나 너무 크게 말하지 않는다.
- 장소에 따라, 상황에 따라 목소리 조절이 필요하다.
- 상황과 장소에 따라 목소리 크기를 조절해야 한다.
- 너무 조용히 말하면 다른 사람이 잘 들을 수 없으므로 너무 조용하게 말하지 않는다.
- 조용히 말해야 하는 곳에서 크게 말하고 크게 말해야 하는 곳에서 작게 말해서 우리와 말하는 것이 불편하다고 생각이 된다면, 사람들은 앞으로 우리와 말하는 것을 피할 것이다.

8) 적절한 신체적 거리 두기

- 다른 사람과 대화할 때는 너무 가까이 서거나 너무 멀리 있지 않는다.
- 한 팔 간격이 가장 적당한 거리이다.
- 팔을 들어 직접 재지 않는다. 단, 가정에서 연습할 때에는 직접 팔을 들어 재보는 것도 좋다.
- 거리를 유지해야 하는 이유:
  ① 다른 사람에게 너무 가까이 서는 것은 그들을 불편하게 만들 수 있다.
  ② 그들은 당신과 다시 이야기 하고 싶어 하지 않을 수 있다.
  ③ 그들은 당신을 피할 수도 있다.
  ④ 너무 멀리 서 있는 것은 대화를 어색하게 하며, 공개적으로 대화하는 것처럼 느낄 수 있다.
  ⑤ 너무 멀리 서서 대화를 하려고하면 상대방은 이상하게 생각할 것이다.
  ⑥ 학교에서 복도 반대편에서 인사를 하는 것은 괜찮다. 그러나 그 상태에서 길게 대화하지는 말아야 한다.

9) 눈을 맞추기

- 주고받는 대화를 하기 위한 규칙은 적절한 눈맞춤을 해야 한다.
- 다른 사람에게 말을 할 때에는 상대방을 바라봐야 상대방은 자신에게 말하고 있다는 것을 알 수 있으며, 당신이 그들에게 관심을 갖고 있다는 것을 알 수 있다.

10) 진지하게 하기

- 다른 누군가를 처음으로 알아갈 때에는 진지하게 행동해야 한다.
- 누군가를 처음으로 알아가는 과정에서 장난만 치고 우습게 행동한다면 상대방은 우리를 이상하다고 생각할 것이고 자신을 놀린다고 생각할 것이다. 그래서 더 이상 대화를 하고 싶지 않을 뿐만 아니라 친구가 되기 어려울 수 있다.

2. 과제하기

1) 부모와 자녀는 서로의 관심사 알아가기와 바른 대화를 연습한다.

   (1) 자녀와 함께 '바른 대화 십계명'을 점검한다.

   (2) '바른 대화 십계명'을 지키며 부모와 자녀간 서로의 관심사를 찾는다.

2) 집단 구성원과의 통화

   (1) 전화하기 전

- '바른 대화 십계명'유인물 또는 파워카드를 함께 읽는다.
- 전화통화의 목적을 확인한다.

   (2) 전화 하는 동안에

- 서로의 관심사를 묻는다.
- 공통의 관심사가 있는지 확인한다.
- 꼬리물기 대화를 한다.

   (3) 전화하고 난 뒤에

- 전화통화를 한 후의 느낌을 나눈다.
- 통화를 한 친구의 관심사가 무엇이었는지 확인한다.

3. 과제 길라잡이

1) '바른 대화 십계명'과제

- 처음 확인할 때에는 10개의 규칙이 많더라도 부모와 자녀가 함께 유인물을 확인하며 꼼꼼히 읽는다.
- 관심사를 하나 확인하면 그 관심사에 대해 꼬리를 물어 대화를 주고받아 하나의 주제를 유지하며 대화하기를 시도한다.

2) 전화하기 과제

- 통화 전 '관심사 알아보기'와 '바른 대화 십계명' 유인물을 함께 읽고 확인한 후 통화중에는 절대

개입하지 않는다.

- 통화 후 자녀에게 잘못되었다거나 지적하는 이야기를 하지 않는다.

- 자녀의 용기를 잃게 하거나 과제를 더 이상 하고 싶어하지 않게 만들 수 있다.

- 자녀들은 '지적'에 너무 익숙해져 있다. 따라서 학습된 무기력이 나타나기도 하고 새로운 것을 습득하는데 흥미를 잃을 수 있다.

- 과제를 하기 전 할 수 있다는 긍정적 지원과 과제를 수행한 것만으로도 충분히 수고한 것에 대한 칭찬이 우선되어야 한다.

- 부모가 없는 상황에서 전화를 하고 싶어 할 수 있으므로 통화를 하기 전 부모는 어디에 있을지 묻고 자녀의 의견을 수용한다.

- 처음 한 두 회기에서는 통화 후에 친구와 통화하면서 알게 된 친구의 관심사와 공통의 관심사에 대해 잘 적어 과제를 완수할 수 있도록 확인한다.

4. 전화통화 예절

1. 전화통화 예절

1) 전화 걸기 규칙

① 인사를 한다.

  예) 안녕하세요/ 안녕

② 자신이 누구인지 이야기한다.

  예) 저는 **인데요

    안녕 OO야, 나는 XX야

③ 혹시 다른 사람이 전화를 받으면 통화할 사람의 이름을 말하며 바꿔 주길 부탁한다.

  예) OO 좀 바꿔주세요

④ 전화하는 사람이 지금 통화가 가능한 상황인지 묻는다.

  예) 지금 이야기할 수 있어?, 지금 전화 받을 수 있어?

⑤ 전화한 이유에 대해 이야기한다.

  예) 어떻게 지내는지 궁금해서 전화했어

    숙제때문에 전화했어

2) 전화 끊기 규칙

① 대화가 잠시 멈출 때를 기다린다.(할 이야기가 다 끝난 시점, 주제가 전환되는 시점)

② 더 할 말이 있는지 확인하고 없으면 "헤어짐 말"을 한다.

  예) "지금 저녁 먹으러 가야 해", "숙제 하러 가야겠다", "엄마가 부른다" 등

③ 인사를 하고 끊는다.

  예) "전화통화 해서 반가웠어", "준비물 알려줘서 고마워" 등 말한다.

    "나중에 다시 이야기하자" 또는"다음에 보자"고 한다.

    "안녕" 또는 "잘 있어"라고 말한다.

3) 그 외 핸드폰, 문자, 카톡 사용 규칙

- 전화를 하거나 문자 메시지, 카톡, 이메일을 보낼 때에는 위에서 말한 규칙 인사/이유/헤어짐 말을 사용해야 한다.

- 모르는 번호, 엉뚱한 전화/연락을 하지도 받지도 않는다.

- 학교 전화번호부 혹은 온라인 전화번호부에서 상대방의 연락처를 알 수 있다고 해서 그 사람에게 전화하거나 문자보내기 등 연락을 하지 않는다.
- 의견을 묻는 문자나 카톡 등 SNS에는 "예" 또는 "아니오"의 의견을 분명히 올린다.
- 이미 한번 말한 의견이라고 하더라도 다시 물어오면 답하는 것이 좋다.
- 통화를 할 때에는 행동이 아닌 말로 표현한다.

2. "이오삼스"규칙

1) "두 번은 OK, 세 번은 스토커 : 이오삼스"

- 전화와 마찬가지로, 종종 문자메시지, 메신저, 쪽지, 또는 이메일을 보내면 답장을 받지 못하는 경우가 있다.
- 상대방에게 메시지를 남겼을 때 답장이 없으면 두 번까지만 연락을 하고 답을 기다려야 한다.
- 상대방이 바빠서 확인을 못하는 경우도 있고, 지금 당장 응답을 할 수 없는 상황이거나 지금 여러분과의 대화를 원하지 않을 수도 있다. 따라서 상대방에게 연락은 두 번 정도 연속해서 보낸 뒤 그만 두어야 한다.
- 발신번호를 보았다면 이후에 연락이 올 것이다.
- 때로는 문자 등으로 "연락 부탁합니다"라는 내용을 보낼 수 있다.
- 3번 이상 연락을 연속하여 하게 되면 그 사람은 점차 화가 날 수도 있고, 여러분을 이상하다고 생각할 수 있다. 여러분과 친구가 되고 싶지 않을 가능성이 많다.
- 어쩌면 '스토커'라는 나쁜 별명을 지어 부를 수도 있게 된다.

3. 과제

1) 부모와 자녀가 '전화통화 예절' 유인물 또는 파워카드를 함께 읽고 연습한다.
   (1) 인사/용건/헤어짐 말을 사용을 포함하여, 전화 걸기의 규칙들을 점검한다.
   (2) 전화통화 연습 상황에서 서로의 관심사 찾기를 통해 공통의 관심사를 찾는다.
2) 집단 구성원과의 통화
   (1) '전화통화 예절' 유인물 또는 파워카드를 읽어 내용을 확인한 후 통화한다.
   (2) 전화통화에서 관심사를 알아보고 공통된 관심사가 있는지도 대화한다.
3) 친구들에게 소개하고 싶은 물건이나 주제를 하나씩 정해 가져온다.

4. 과제 길라잡이

1) '전화통화 예절' 과제

- 평소 자녀가 보였던 바람직하지 않은 전화통화 태도에 대해 이야기 나눈다.
- 그것이 일반적인 방법과는 다소 달랐다면 그 부분을 구체적으로 알려주고 고칠 수 있도록 지도한다.
- 익숙한 가족은 괜찮을 수 있으나 다른 사람들은 불편할 수 있으며 이로 인해 자녀가 이상한 아이라고 생각될 수 있음에 대해 정확하게 전달하는 것이 중요하다.
- 다른 사람들이 자신을 이상하다고 여기는 것은 자녀들도 몹시 싫어한다. 다만, 언제, 어디서, 어떤 부분이 다른 사람들과는 차이가 있는 것인지를 모를 뿐이다.
- 과제를 하기 전/후에 자녀의 얼굴을 보고 자녀의 잘못된 통화 방법과 바람직한 방법에 대해 정확하게 알려주는 것이 중요하다. 그 후에는 빈번히 말하지 않는다.
- 고치기 힘든 전화통화 습관이라면 '포스트 잇' 등에 적어 자녀가 보기 쉬운 곳에 붙여두는 것을 권해보는 것도 좋다.
- 부모들의 눈에 자녀의 일반적이지 않은 행동이 보이게 되면 쉽게 지적하게 되는데 아스퍼거 증후군 또는 주의력결핍 과잉행동장애를 갖고 있는 자녀들은 무엇이 어디에서 잘못되었는지를 알지 못하는 경우가 많다. 부모의 입장에서는 알려주려는 것이겠지만 자녀의 입장에서는 지적이고 꾸지람이며 간섭으로 느껴져 서로의 관계만 나빠질 수 있고 자녀는 자신감을 잃고 더 위축되기 쉽다. 따라서 잘못된 점을 지적하는 것에서만 멈추지 말고 어떻게 해야 하는 것이 일반적인 것인지에 대해서도 알려줘야 한다. 또한 이러한 점이 다른 사람들이 자녀를 색안경끼고 보지 않을 수 있도록 돕기 위한 것임을 항상 설명해주어야 한다. 평소 서로가 기분이 좋을 때 대화를 나누면서 편안한 상태에서 알려주는 것이 보다 효과적이다.

2) 전화하기 과제

- 통화 전 '관심사 알아보기'와 '바른 대화 십계명', '전화통화 예절' 유인물을 함께 읽고 확인한 후에 통화를 한다.
- 통화 중에는 절대 개입하지 않는다.
- 통화 후 과제를 수행한 것에 대해 칭찬해준다.
- 그 내용에 대해서는 되도록 묻기만 하되 지적하지 않는다.

5　대화의 기술 다지기

　그 동안 배웠던 '관심사 알아가기', '바른 대화 십계명', '전화통화 예절'의 유인물을 함께 확인한다. 그리고 자녀의 변화가 있었다면 아주 작은 부분이라도 구체적으로 이야기하며 칭찬한다. 자녀의 변화에 대한 구체적인 설명과 지지가 변화된 행동을 긍정적으로 유지하며 일반화시킬 수 있는 지름길이 된다. 어떤 행동이 칭찬 받는 행동인지를 지각하게 된 자녀는 바람직한 행동을 반복하고 지속하려 하기 때문이다.

1. 경청

　1) 경청의 태도 : 적당히 가까운 거리, 자세, 시선, 표정, 목소리

　2) 일정한 거리 유지하기, 바라보기, 목소리 크기 조절, 대화를 독차지하지 않기, 이어가는 질문하기, 귀기울이기(경청)

　　• 말하고 있는 사람을 관심어린 표정으로 쳐다본다.

　　• 상대방의 이야기가 끝날 때까지 조용히 듣는다.

　　• 들은 내용에 대해 이해가 되면 고개를 끄덕인다.

　　• 이해가 안 되면 다시 묻는다.

　3) 관심을 기울이는 자세

　　• 한 팔 간격의 거리(너무 가까우면 부담스럽고 너무 멀면 무관심해 보인다.)

　　• 얼굴 전체를 바라보며 눈을 자주 마주친다.

　　• 잘 듣고 있다는 표시로 고개를 끄덕인다.

　　• 말을 들으며 "어", "그래", "응" 등의 언어적 반응을 한다.

　　• 말을 중간에 자르지 않고 끝까지 듣는다.

　4) 상대방의 이야기를 경청하고 이에 맞게 반응을 보이며 친구의 감정에 같은 감정을 보여주는 것이 '공감'이다.

5) 바른 예와 바르지 않은 예

　(1) 바른 예

A : 너는 오늘 무슨 물건을 갖고 왔니?

B : 나? 나는 내가 제일 좋아하는 게임기를 가져왔어.

A : 그렇구나, 나는 오늘 친구들한테 보여주려고 작은 화분을 갖고 왔어.

B : 와, 이건 이름이 뭐야?

A : 이건, 장미허브라고 하는 건데, 일주일에 한번만 물 주면 되고 키우기 간단해. 너는
　　어떤 게임을 가져왔는데?

B : 나는 닌텐도. 너 이거 해봤어?

A : 와, 좋겠다. 나도 하고 싶은데 나는 엄마가 안 사줬어.
　　(꼬리물기. 경청. 맞장구. 질문에 스스로도 답하기를 잘 했음)

(2) 바르지 않은 예

A : 너는 오늘 무슨 물건을 갖고 왔니?

B : 나? 나는 내가 제일 좋아하는 게임기를 가져왔어.

A : 그렇구나, 나는 오늘 친구들한테 보여주려고 작은 화분을 갖고 왔어.

B : 와~

A : (말을 끊으며)이건, 장미허브라고 하는 건데, 일주일에 한번만 물 주면 되고 키우기 간
　　단해. 근데 자꾸 물을 주고 싶어서 매일 주니까 오래 못살고 죽을라고 해서 걱정이야.

B : (지루해 하며 자신이 가져온 게임기를 만지작거린다.)

A : (보조교사가 설명도 하지 않았는데 게임기를 빼앗아 들며) 너 이거 가져왔어? 나도
　　이런 거 좋아하는데 이거 나도 해도 돼?

B : (다시 가져오려고 하는데 교사가 마음대로 게임기를 켜고 하려한다.) 그러지마, 줘,
　　내 꺼야.

A : (아랑곳하지 않고 친구를 바라보지도 않으며) 어디를 켜야 나오는거야?
　　(혼자만 말한다. 친구의 말을 경청하지 않았다. 꼬리물기를 하지 않았다 등이 잘못
　　되어 있음)

2. 과제

1) 부모들은 그들의 자녀와 관심사 알아가기와 바른 대화를 연습한다.

　(1) 자녀와 함께 '바른 대화 십계명' 유인물 또는 파워카드를 확인한다.

　(2) 꼬리무는 대화를 하면서 부모와 자녀간의 공통의 관심사를 찾는다.

2) 집단 구성원과의 통화

　(1) 부모와 자녀는 통화 전에 '관심사 알아보기' 와 '바른 대화 예절'규칙을 함께 점검한다.

　(2) '전화통화 규칙'에 대해 이야기하고 헤어짐말에 대해 연습해본다.

　(3) 전화하고 난 뒤에 부모와 자녀는 전화통화에 대해 의견을 나누고, 알아낸 공통의 관심사가 무엇인지 이야기하고, 혹 어려움이 있었다면 이를 함께 의논한다.

6 다양한 감정 이해와 표현하기

1. 다양한 감정 이해와 표현하기

1) 다양한 감정에 대해 이해하기

(1) 긍정적 감정을 나타내는 말 vs. 부정적 감정을 나타내는 말

- 언제 기분이 좋은가? 어떻게 표현하나?

- 언제 화가 나는가? 어떻게 표현하나?

- 언제 슬픈가? 어떻게 표현하나?

- 언제 두려움을 느끼는가? 어떻게 표현하나?

- 언제 부끄러운 마음이 드는가? 어떻게 표현하나?

(2) 부모와 자녀간의 이야기를 경청하도록 하며 사람마다 상황에 따라 드는 감정이 다양할 수 있음을 설명한다.

(3) 긍정적 감정뿐 아니라 부정적 감정 또한 소중한 나의 감정이다.

(4) 화, 분노, 짜증 등의 감정은 절대 나쁜 것이 아니다. 다만 그것을 표현하는 방법이 중요하다.

2) 내 감정 바르게 표현하기

(1) 상황에 대한 표현: " ~~(상황)해서, 나는 ~~해"라고 말한다.

　　예) "엄마한테 혼나서 나는 기분이 좋지 않다",

　　　　"학교에서 친구와 싸워서 나는 기분이 나쁘다",

　　　　"친구가 말도 없이 약속을 지키지 않아서 나는 화가 난다" 등

(2) 사람에 대한 표현: "네가 ~~해서, 나는 ~~해"라고 말한다.

　　예) "엄마가 이유도 묻지 않고 소리를 질러서 나는 기분이 좋지 않아요"

　　　　"은정아, 네가 나한테 ooo라고 놀려서 나는 기분이 나빠"

　　　　"보미야, 네가 연락도 없이 약속시간에 오지 않아서 나는 화가 나"

2. 과제

1) 부모와 자녀가 일상생활에서 감정 나누기(내 감정 표현하기, 공감하기)를 연습한다.

(1) 내 감정 표현하기

　　"나는 ＿＿＿＿＿＿(상황, 행동)일 때, ＿＿＿＿＿＿ (감정) 라고 느껴"

Part 4. 부모용 유인물

: 나는 네가 제때 숙제를 하지 않아서 속이 상해

: 나는 엄마가 내 말을 들어 주지 않아서 속이 상해요 등

(2) 일상에서 부모와 자녀 간의 감정을 서로 솔직하게 표현한다.

2) 집단 구성원과의 통화

(1) '전화통화 규칙'에 대해 이야기하고 헤어짐 말에 대해 연습해본다.

(2) 전화 하는 동안에 다음 시간에 와서 발표할 수 있는, 공통의 관심사를 찾고 헤어짐 말을 한다.

(3) 친구와 일상에 대해 이야기하고 그날의 감정에 대해 대화를 나눈다.

(4) 통화 후에 부모와 자녀는 전화통화에 대해 의견을 나누고, 알아낸 공통의 관심사가 무엇인지 친구의 감정을 어땠는지 등에 대해 이야기하고, 혹 어려움이 있었다면 이를 함께 의논한다.

(5) 자녀가 자세히 이야기하지 않으려고 한다면 그대로 둔다.

3. 과제 길라잡이

- 사람의 감정에는 다양한 감정이 있으며 이는 상황과 관련이 있다.

- 감정과 상황을 이해하기 위해서는 경청도 중요하지만 주변이나 상대방을 잘 살펴봐야 함에 대해 평소에도 자주 이야기해주는 것이 좋다.

- 가장 중요한 것은 자신의 감정을 행동으로 나타내는 것이 아니라 "왜 나의 기분이 이러한지에 대한" 이유와 나의 감정 상태를 말로 표현하여 상대방에게 알 수 있도록 하는 것이다.

- 부모도 자녀에게 자신의 감정 상태와 이유에 대해 솔직하게 표현하는 것이 중요하다.

- 자녀에 대해서는 당분간 부정적인 감정보다는 자녀로 인한 긍정적인 감정을 표현함으로써 부모 자녀간의 관계를 더 돈독하게 만들어 주는 것도 좋다.

7 감정에 반응하기(공감하기)

1. 감정에 반응하기(공감하기)

- 공감이란 상대방의 느낌이나 생각을 깨닫고 이해한 뒤, 내가 이해한 느낌과 생각을 상대방이 알 수 있도록 다시 반응해주는 것이다.
- 사람들은 공감을 잘 하는 사람을 좋아한다.
- 내 감정이 무시당하면 기분이 나쁘듯 다른 사람들의 감정을 무시하거나 알아주지 않으면 다른 사람들도 나로 인해 더 기분이 상할 수 있다.
- 친구의 기분이나 상태에 대한 존중없이 지적하거나 가르쳐주려고만하면 친구는 화가 날 수 있다.
- 이것은 가족 간에도 같다. 부모와 자녀 간에 공감이 많을수록 편안해진다.

2. '공감 사총사'

1) 경청하기/관심있는 태도

2) 반응하며 듣기(리액션)

   (1) 고개를 끄덕이기, "어" "응" 등 듣고 있다는 것을 상대방이 알 수 있도록 반응한다.

3) 입장 바꿔 생각하기

   (1) "내가 너라면~", "내 이야기라면~" 상대방 감정을 생각해 본다

4) 적절한 공감 표현하기

   (1) 상대방의 감정을 생각하여 그 마음을 표현해주도록 한다.

   (2) 언어적 반응 – "대박!", "멋지다", "좋겠다", "부럽다", "헐", "화가 많이 났겠구나", "속이 상했겠구나", "기분이 굉장히 좋았겠구나" 등

   (3) 행동적 반응 – 혼자 있게 둔다, 옆에 있어 준다, 도움이 되는 행동을 한다 등

3. 바른 예와 바르지 않은 예

1) 바른 예

바른 예

A : 선생님이 오늘 떠든다고 야단을 치시잖아. 나만 떠든 것도 아닌데...

B : 다른 아이들도 떠들었는데, 너만 혼나서 억울하겠다.

A : 어, 완전 기분 나빠.

B : 어, 나도 전에 그런 적 있는데 기분 완전 나쁘긴 했었어. 사실 나도 좀 시끄럽게 떠들긴 했지만.

A : (멋쩍은 듯 웃으며) 히히 맞아, 나도 근데 좀 많이 떠들긴 했어.

2) 바르지 않은 예

바르지 않은 예

A : 선생님이 오늘 떠든다고 야단을 치시잖아. 나만 떠든 것도 아닌데...

B : 네가 특히 많이 떠들잖아.

A : 아니야, 넌 알지도 못하면서.

B : 모르긴 뭘 몰라. 내가 다 봤는데, 너만 떠들더라.

A : 그래, 너 잘났다.

4. 과제

- 일상에서 부모와 자녀 간의 감정을 서로 솔직하게 표현하도록 한다.

1) 부모와 자녀가 일상생활에서 감정 나누기(내 감정 표현하기, 공감하기)를 연습한다.

    (1) 내 감정 표현하기

    "나는 _____ (상황, 행동)일 때, _____ (감정) 라고 느껴"

      : 나는 네가 제때 숙제를 하지 않아서 속이 상해

      : 나는 엄마가 내 말을 들어 주지 않아서 속이 상해요 등

    (2) 공감하기

     ① 경청하기/관심있는 태도 보이기

     ② 이해하기 : 내용이해, 상황이해

     ③ 입장바꿔 생각하기 : 감정 이해 '나라면 어땠을까?'

     ④ 적절한 언어적 반응하기 : "아~그랬구나, _____겠다"

2) 집단 구성원과의 통화

　　⑴ 통화를 하기 전 '관심사 알아보기'와 '바른 대화 예절'규칙을 자녀와 함께 점검한다.

　　⑵ '전화통화 규칙'에 대해 이야기하고 헤어짐 말에 대해 연습해본다.

　　⑶ 통화한 날의 일상과 그날의 감정에 대해 서로 이야기한다.

3) 전화하고 난 뒤에 부모와 자녀는 전화통화에 대해 의견을 나누고, 알아낸 공통의 관심사가 무엇인지 이야기하고, 혹 어려움이 있었다면 이를 함께 의논한다.

8 감정 표현 다지기

1. 내 감정 표현하기

1) 자신의 감정을 행동으로 보이는 것이 아니라 "왜 나의 기분이 이러한지에 대해" 이유와 감정 상태를 말로 표현하여 상대방이 알 수 있도록 하는 것이다.

2) "~~~~해서, 나는 지금 기분이~~~~~해."

3) 지금 현재 감정을 갖게 된 원인과 그 감정 상태에 대해 말로 표현할 수 있도록 한다.

4) 누구나 감정을 말로 표현하는 것은 쉽지 않은 일이므로 노력이 필요하다.

2. 친구의 감정 공감하기

1) 상대방의 감정, 생각에 대해 이해하고 그 마음에 맞게 반응해주는 것을 '공감'이라고 하며 공감을 잘 하는 친구를 사람들은 좋아한다.

2) '공감 사총사'

① 친구의 말에 경청하기/관심있는 태도보이기

② 반응하며 듣기(리액션)

③ 입장바꿔 생각하기

④ 공감표현하기(맞장구치기)

- "아, 너는 _____ 때문에 기분이 _____ 구나, _____ 겠다"
- 간단한 표현 "아~그랬구나, _____ 겠다"

3. 과제

- 일상에서 부모와 자녀 간의 감정을 서로 솔직하게 표현하도록 한다.

1) 부모와 자녀가 일상생활에서 감정 나누기(내 감정 표현하기, 공감하기)를 연습한다.

(1) 내 감정 표현하기

"나는 _____ (상황, 행동)일 때, _____ (감정) 라고 느껴"

: 나는 네가 제때 숙제를 하지 않아서 속이 상해

: 나는 엄마가 내 말을 들어 주지 않아서 속이 상해요 등

(2) 공감하기

① 경청하기/관심있는 태도 보이기

② 이해하기 : 내용이해, 상황이해

③ 입장바꿔 생각하기 : 감정 이해 '나라면 어땠을까?'

④ 적절한 언어적 반응하기 : "아~그랬구나, _____ 겠다"

2) 집단 구성원과의 통화

(1) 통화를 하기 전 '관심사 알아보기'와 '바른 대화 예절'규칙을 자녀와 함께 점검한다.

(2) '전화통화 규칙'에 대해 이야기하고 헤어짐 말에 대해 연습해본다.

(3) 통화한 날의 일상과 그날의 감정에 대해 서로 이야기한다.

3) 전화하고 난 뒤에 부모와 자녀는 전화통화에 대해 의견을 나누고, 알아낸 공통의 관심사가 무엇인지 이야기하고, 혹 어려움이 있었다면 이를 함께 의논한다.

9 칭찬 주고받기

- 칭찬은 받는 사람도 기분 좋게 만들지만 칭찬을 하는 사람도 기분이 좋아진다.
- 칭찬을 하기 위해서도 규칙이 있다.

1. 칭찬하기

1) 상대방의 얼굴과 눈을 쳐다보며 밝은 얼굴과 목소리로

2) 명확하고 정확하게 칭찬하기

3) 말로 칭찬하기

- 멋지다, 대단한데, 최고야, 대박이야 등
- 성적이 많이 올랐구나, 혼자서도 할 수 있구나, 네 생각을 잘 말 하는구나 등
- 역시 넌 내 베프야(절친이야), 네가 있어서 다행이야, 네가 있어서 참 좋다 등

4) 행동으로 칭찬하기

- 미소지으며 고개 끄덕이기, 엄지 올리기, 하이파이브 등

2. 칭찬받기

1) 상대방의 얼굴과 눈을 쳐다보며 밝은 얼굴과 목소리로

2) "고마워"라고 말하며 겸손한 태도 갖기

3. 주의사항!!

- 지나친 칭찬은 피한다. 친구를 놀리는 것 같은 기분을 줄 수 있다.
- 이오삼스 규칙!!!!
- 처음은 칭찬, 두 번째는 강조, 세 번째는 스토커

4. 과제

1) 하루에 한 가지 이상 부모와 자녀가 서로를 칭찬하고 칭찬노트를 작성한다.

- 일상에서 부모와 자녀 간의 감정을 서로 솔직하게 표현하도록 한다.

2) 부모와 자녀가 일상생활에서 감정 나누기(내 감정 표현하기, 공감하기)를 연습한다.

(1) 내 감정 표현하기

"나는 _____ (상황, 행동)일 때, _____ (감정) 라고 느껴"

　: 나는 네가 제때 숙제를 하지 않아서 속이 상해

　: 나는 엄마가 내 말을 들어 주지 않아서 속이 상해요 등

(2) 공감하기

　① 경청하기/관심있는 태도 보이기

　② 이해하기 : 내용이해, 상황이해

　③ 입장바꿔 생각하기 : 감정 이해 '나라면 어땠을까?'

　④ 적절한 언어적 반응하기 : "아~그랬구나, _____ 겠다"

3) 집단 구성원과의 통화

(1) 통화를 하기 전 '관심사 알아보기'와 '바른 대화 예절'규칙을 자녀와 함께 점검한다.

(2) '전화통화 규칙'에 대해 이야기하고 헤어짐 말에 대해 연습해본다.

(3) 통화한 날의 일상과 그날의 감정에 대해 서로 이야기한다.

(4) 칭찬받은 일이나 칭찬한 일이 있으면 이에 대해서도 이야기한다.

4) 전화하고 난 뒤에 부모와 자녀는 전화통화에 대해 의견을 나누고, 알아낸 공통의 관심사가 무엇인지 이야기하고, 혹 어려움이 있었다면 이를 함께 의논한다.

10 도움 주고받기

- 도움은 받는 사람도 기분 좋게 만들지만 도움을 주는 사람도 보람되고 기분 좋게 한다.
- 도움은 내가 일방적으로 주는 것이 아니라 도움이 필요한 사람에게 도움이 될 수 있는 것을 주는 것이 중요하다.

1. 도움 청하기

1) 도움을 줄 수 있는 대상 확인
   - 친구, 부모님, 선생님 등
2) 눈을 바라보며 부드럽고 분명하게 구체적으로 요청하기
   - "미안하지만, ~을 빌려줄래/빌릴 수 있을까?"
   - "미안하지만, ~좀 도와줄래/도와 줄 수 있을까?"
   - "○○야, 지우개가 없어서 그러는데 미안하지만 지우개 좀 빌려줄래?"
   - "엄마, 저 **가 필요해서 그러는데 **좀 해주세요."
   - "○○야, 나 무거워서 그러는데 나 좀 도와줘, 같이 들어줄 수 있을까?"
3) 대답을 기다린다. 두 가지의 답이 나올 수 있다.
   (1) 도움을 들어주는 경우
   (2) 도움을 거절하는 경우
   - 상대방이 도움을 거절한다 해도 이를 받아들여야 한다.
   - 거절한다고 해서 싫어하거나 나빠서가 아니라 상황이 안 될 수 있다.
   - 한번 더 묻는다. "진짜 안돼?"
4) 상대방의 대답에 대해 적절하게 반응한다.
   (1) 도움을 들어주는 경우
      - 도움에 고맙다는 인사를 한다.
      - 물건을 빌린 경우 깨끗이 사용하고 "고마워"란 말과 함께 돌려준다.
   (2) 도움을 거절하는 경우
      - 수용한다. 쿨하게 인정한다.
      - "알겠어" 또는 고개만 간단하게 끄덕이고 다른 대안을 찾는다.

2. '이오삼스'규칙

1) 상대방의 부탁이나 도움을 반드시 들어줘야 하는 것은 아니다!

2) 들어줄 수 있는 경우에는 OK, 그렇지 않을 경우에는 NO 할 수 있다.

3) 친구도 내 부탁을 들어 줄 수도 거절할 수도 있다.

4) 나도 친구의 부탁을 들어 줄 수도 있고 거절할 수도 있다.

5) 부탁도 두 번만!!

3. 도움주기와 거절하기

1) 도움주기 : 친구의 요청에 도움을 줄 수 있으면 친구의 요구대로 해주면 된다.

2) 거절하기 : 거절은 구체적으로 이유를 말하고 부드럽게!!

- "나도 써야 해서 안 될 거 같아, 미안"

- "나도 조금밖에 없어서 안 될 거 같아, 미안"

- "안될 거 같아, 미안해" 등

4. 과제

1) 가족 간에 서로 도움을 청하고 이에 대해 적절한 감사 인사를 나누며 연습한다. 가능하다면 학교에서도 해볼 수 있도록 격려한다.

2) 하루에 한 가지 이상 부모와 자녀가 서로를 칭찬하고 칭찬노트를 작성한다.

- 일상에서 부모와 자녀 간의 감정을 서로 솔직하게 표현하도록 한다.

3) 부모와 자녀가 일상생활에서 감정 나누기(내 감정 표현하기, 공감하기)를 연습한다.

　　(1) 내 감정 표현하기

"나는 _____ (상황, 행동)일 때, _____ (감정) 라고 느껴"

　: 나는 네가 제때 숙제를 하지 않아서 속이 상해

　: 나는 엄마가 내 말을 들어 주지 않아서 속이 상해요 등

　(2) 공감하기

① 경청하기/관심있는 태도 보이기

② 이해하기 : 내용이해, 상황이해

③ 입장바꿔 생각하기 : 감정 이해 '나라면 어땠을까?'

④ 적절한 언어적 반응하기 : "아~그랬구나, _____ 겠다"

4) 집단 구성원과의 통화

    (1) 통화를 하기 전 '관심사 알아보기'와 '바른 대화 예절'규칙을 자녀와 함께 점검한다.

    (2) '전화통화 규칙'에 대해 이야기하고 헤어짐 말에 대해 연습해본다.

    (3) 통화한 날의 일상과 그날의 감정에 대해 서로 이야기한다.

    (4) 칭찬받은 일이나 칭찬한 일, 도움을 주고받은 일이 있으면 이에 대해서도 이야기한다.

5) 전화하고 난 뒤에 부모와 자녀는 전화통화에 대해 의견을 나누고, 알아낸 공통의 관심사가 무엇인지 이야기하고, 혹 어려움이 있었다면 이를 함께 의논한다.

주장 조절하기

1. 주장 조절하기

- 각자의 생각이 있고 이를 주장하는 것은 당연하다.
- 내 주장이 있듯이 다른 사람들도 주장이 있음을 이해해야 한다.

    Q. 내 주장만 고집한다면 상대방은 어떻겠는가? /

    상대방이 자신의 주장만 고집한다면 나는 어떻겠는가?

- 자기 주장만 하는 것은 서로의 마음을 상하게 하는 일이다.
- 가장 중요한 것은 어떻게 서로의 주장을 존중해야 하는가이다.
- 자신의 주장만을 계속하여 고집하게 되면 문제는 해결이 되지 않고 싸움이 될 수 있다.

1) 주장 조절하는 3가지 방법

    (1) 두 사람 다 패배하는 것(패배-패배) : 서로 주장만 하다 끝남

    (2) 한 사람은 이기고 한 사람은 지는 것(패배-승리) : 한 사람의 주장만 따르는 방법

    (3) 두 사람 다 이기는 것(승리-승리) : 두 사람의 주장을 조절하는 가장 바람직한 방법

    A. 두 가지 일을 모두 하는 방법(내가 원하는 것 먼저 하고 친구 원하는 것으로 하기 또는 친구
       원하는 것을 먼저 하고 내가 원하는 것 하기)

    B. 이번에는 친구가 원하는 것을 하고 다음 번에는 내가 원하는 것을 하는 방법

    C. 양쪽이 원하는 것의 일부분을 조절하여 하는 방법

    D. 완전히 다른 것을 하는 방법

2. 확인해 주세요!!!

※ 우리는 자기 주장 조절하기 규칙을 배워 내 주장만 하지 않고 조절을 할 수 있으나 때로는 상대방
  이 이 방법을 모르는 경우가 있다.

※ 차분히 규칙을 알려주되 상대방이 이를 따르려 하지 않을 경우에는 더 이상 알려주지 말고 주장 조
  절하기를 멈추는 것이 방법이다.

  WHY? 우리는 따뜻한 친구니까!!

3. 과제

1) 주장조절하기를 연습한다.

- 외식 상황, 과제 수행 상황 등에서 부모의 주도하에 주장조절하기를 연습한다.

2) 가족 간에 서로 도움을 청하고 이에 대해 적절한 감사 인사를 나누며 연습한다. 가능하다면 학교에서도 해볼 수 있도록 격려한다.

3) 하루에 한 가지 이상 부모와 자녀가 서로를 칭찬하고 칭찬노트를 작성한다.

- 일상에서 부모와 자녀 간의 감정을 서로 솔직하게 표현하도록 한다.

4) 부모와 자녀가 일상생활에서 감정 나누기(내 감정 표현하기, 공감하기)를 연습한다.

(1) 내 감정 표현하기

"나는 _____ (상황, 행동)일 때, _____ (감정) 라고 느껴"

: 나는 네가 제때 숙제를 하지 않아서 속이 상해

: 나는 엄마가 내 말을 들어 주지 않아서 속이 상해요 등

(2) 공감하기

① 경청하기/관심있는 태도 보이기

② 이해하기 : 내용이해, 상황이해

③ 입장바꿔 생각하기 : 감정 이해 '나라면 어땠을까?'

④ 적절한 언어적 반응하기 : "아~그랬구나, _____ 겠다"

5) 집단 구성원과의 통화

(1) 통화를 하기 전 '관심사 알아보기'와 '바른 대화 예절'규칙을 자녀와 함께 점검한다.

(2) '전화통화 규칙'에 대해 이야기하고 헤어짐 말에 대해 연습해본다.

(3) 통화한 날의 일상과 그날의 감정에 대해 서로 이야기한다.

(4) 칭찬받은 일이나 칭찬한 일, 도움을 주고받은 일이 있으면 이에 대해서도 이야기한다.

6) 전화하고 난 뒤에 부모와 자녀는 전화통화에 대해 의견을 나누고, 알아낸 공통의 관심사가 무엇인지 이야기하고, 혹 어려움이 있었다면 이를 함께 의논한다.

12 놀림에 대처하기

Q. 사람들은 왜 다른 사람들을 놀릴까?

Q. 친구가 놀렸을 때 여러분의 반응은 어땠나요?

- 놀림은 단순하게 피하거나 무시한다고 해결이 되지 않는다.
- 놀리는 이유는 재미있기 때문이다. 따라서 재미없게 만들면 된다.
- "놀림 재미없게 만들기(일명 '놀림 노잼')"기술을 배울 것이다.

1. 놀림에 대처하기: "놀림 재미없게 만들기(놀림 노잼)"규칙

1) 놀리는 말에 전혀 신경을 쓰지 않는 것처럼 행동한다.

2) 기분이 상했더라도 전혀 상하지 않은 것처럼 행동한다.

 ("한 귀로 듣고 한 귀로 흘리기" 기법 사용- 반응하면 재미있어서 더 하기 때문)

3) 놀리는 아이의 얼굴을 한번 멍하게 바라보거나 무표정하게 한번 고개를 흔들고 자신의 일을 계속 한다.

4) 더 이상 놀리는 말이 재미없는 것처럼 만들어라.

5) 만약 놀리는 아이를 비웃어주거나 반응을 하면 어떻게 될까? 더 큰 싸움이 일어나게 되거나 더 심 하게 놀릴 수 있다.

6) '놀림의 말에 신경쓰지 않는다'는 반응을 짧게 하고 하던 일을 계속하라.

7) 언어적 무관심 표현

 (1) 다른 이야기로 넘어가기

 - 그건 그렇고 너 런닝맨 봤어? 재밌었는데…

 (2) 그냥 인정해 버린다.

 - 왜? 싸우기 싫으니까

8) 행동적 무관심 표현

 (1) 어깨를 으쓱한다거나 옆의 친구의 얼굴을 한번 바라보거나 하고 자리를 떠나기

 (2) 계속 그 자리에 있을 필요가 없다.

 (3) 물을 마시러 가거나 사물함으로 가거나 하여 그 자리를 떠나라.

 단, 신경쓰지 않는다는 것을 보여주고 떠나야 피하는 것으로 보이지 않는다. 그냥 말을 무시하고

못들은 척하고 가면 계속 따라와 놀릴 수 있다. 따라서 들었지만 상관없다는 태도가 중요하다.

(4) 신체적 공격을 하는 아이한테는 하지 않고 말로 놀리는 아이에게만 사용한다.

9) 신체적 공격을 받지 않을 가장 좋은 방법

(1) 튀지 않는다: 돌출 행동이나 남의 시선을 끄는 행동을 하지 않는다.

(2) 괴롭히는 아이 근처에 머무르지 않는다. 이야기하거나 그 아이와 잘 지내보려고 노력하지 않는다.

(3) 괴롭히는 아이를 자극하지 않는다.

(4) 혼자 있지 않는다.

- 괴롭히는 아이는 혼자 있을 때나, 무방비상태에 있을 때 다가와 괴롭힌다.
- 늘 아이들이 몰려 있는 곳에 함께 있도록 해야 한다.

(5) 만약 괴롭힘을 당했다면 반드시 어른들의 도움을 청해야 한다. (예: 부모, 교사 등)

2. 과제

1) '놀림 재미없게 만들기(놀림 노잼)'규칙을 확인하고 가정에서 반복 연습한다. 이 상황은 아동이 능숙해지기 위한 연습과정임을 늘 상기시키고 격려해준다.

- "집에서도 화를 내면 나가서는 더 화를 내거나 싸우는 상황이 될 수도 있다"
- "화를 내는 것은 놀리는 아이를 더 재미있게 만드는거야, 노력하자!!" 등으로 격려한다.

2) 주장조절하기를 연습한다.

- 외식 상황, 과제 수행 상황 등에서 부모의 주도하에 주장조절하기를 연습한다.

3) 가족 간에 서로 도움을 청하고 이에 대해 적절한 감사 인사를 나누며 연습한다. 가능하다면 학교에서도 해볼 수 있도록 격려한다.

4) 하루에 한 가지 이상 부모와 자녀가 서로를 칭찬하고 칭찬노트를 작성한다.

- 일상에서 부모와 자녀 간의 감정을 서로 솔직하게 표현하도록 한다.

5) 부모와 자녀가 일상생활에서 감정 나누기(내 감정 표현하기, 공감하기)를 연습한다.

(1) 내 감정 표현하기

"나는 _____ (상황, 행동)일 때, _____ (감정) 라고 느껴"

: 나는 네가 제때 숙제를 하지 않아서 속이 상해

: 나는 엄마가 내 말을 들어 주지 않아서 속이 상해요 등

(2) 공감하기

① 경청하기/관심있는 태도 보이기

② 이해하기 : 내용이해, 상황이해

③ 입장바꿔 생각하기 : 감정 이해 '나라면 어땠을까?'

④ 적절한 언어적 반응하기 : "아~그랬구나, _____ 겠다"

6) 집단 구성원과의 통화

(1) 통화를 하기 전 '관심사 알아보기'와 '바른 대화 예절'규칙을 자녀와 함께 점검한다.

(2) '전화통화 규칙'에 대해 이야기하고 헤어짐 말에 대해 연습해본다.

(3) 통화한 날의 일상과 그날의 감정에 대해 서로 이야기한다.

(4) 칭찬받은 일이나 칭찬한 일, 도움을 주고받은 일이 있으면 이야기한다.

7) 전화하고 난 뒤에 부모와 자녀는 전화통화에 대해 의견을 나누고, 알아낸 공통의 관심사가 무엇인지 이야기하고, 혹 어려움이 있었다면 이를 함께 의논한다.

3. 과제 길라잡이

- '놀림'에 대한 연습을 할 때 부모는 자녀에게 "놀림 연습하자"라고 분명히 알리고 해야 한다.

- 시작 전, 이것은 연습이며 절대 실제로 부모가 자녀를 놀리려고 하는 것이 아님에 대해 자녀에게 설명하여 마음에 안정을 취하게 한 후 시작하는 것이 중요하다.

- 놀림에 취약한 우리 자녀들은 연습 상황임에도 감정 조절에 어려움이 나타나며 더욱이 놀리는 사람이 믿고 의지하던 부모이기에 더 힘들어 하는 경우도 있다.

- 치료실 상황에서 연습임을 알리고 역할놀이를 하더라도 울거나 치료실을 나가는 경우도 있었으니 실전처럼 갑자기 놀리는 일은 절대 없도록 해야 한다.

- 항상 연습임을 알리고 이 연습을 통해 놀림에서 벗어날 수 있음에 대한 기대감을 설명하고 과제를 수행한다.

- 아직은 낯설지만 친하게 지내고 싶은 새로운 모임이나 집단에 들어갔을 때, 또는 또래집단들의 대화 중간에 끼어들고 싶을 때 함부로 들어가서는 안된다.
- 중간에 끼어들기 규칙은 그 집단 내에 친하지는 않아도 아는 친구가 적어도 한 두 명은 있어야 가능하다.
- 서로 아무도 모르는 새로운 환경에 갔을 때도 가능하다.
- 이미 친한 친구들이 있는 집단이라면 그냥 다가가서 인사하고 함께 이야기를 하면 된다.

1. 또래대화에 들어가기 단계

1) 아이들 가까이에 가서 지켜보기/귀 기울여 듣기

(1) 집단의 분위기를 파악한다.

① 친근한 태도로 대화를 나누고 있는지 들어본다.

② 서로 간에 친근한 태도로 대화를 하고 있지 않다면, 다른 집단을 찾아보아야 한다.

(2) 대화에 참여하기 전에 지켜보고 귀 기울여 들어 본다.

① 대화에 참여하기 전에, 먼저 무엇에 대해 이야기를 나누고 있는지 알아야 한다.

② 대화 내용에 나와 공통의 관심사에 대한 이야기가 있는지 들어본다.

③ 진행되고 있는 대화와 관련된 이야기를 할 수 있는지 알아야 한다.

④ 대화의 내용도 모른 채, 대화에 뛰어들게 되면 방해만 될 뿐이다.

(3) 집단 안의 친구들에게 관심을 표현한다.

① 이야기를 할 때 다른 친구들의 얼굴이나 눈을 바라보며 반응을 보여야 한다.

② 이야기가 자신의 생각과 같으면 고개를 끄덕이기도 한다.

③ 빤히 쳐다보면 안 된다.

2) 기다리기

(1) 참여해도 될 것 같다고 생각되면(함께 대화를 할 만한 주제, 같이 놀이하고 싶은 활동 등) 대화나 놀이가 잠깐 멈춰질 때까지 기다린다.

① 대화나 놀이가 한참 진행 중일 때 들어가면 방해가 되어 싫어할 수 있다.

3) 참여하기

   (1) 조금 더 가까이 다가간다.(팔 하나 길이만큼) 단, 너무 가까이 가지는 않는다.

   (2) (나만 좋아하는, 내가 하고 싶은 이야기가 아닌) 아이들이 나누고 있는 대화에 맞는 이야기를 건넨다.

   (3) 놀이를 하고 있다면 같이 놀아도 되는지 묻는다. "나도 같이 해도 돼?"

   (4) 친구들로부터 자신이 얼마나 받아들여지고 있는지 평가한다.

     ① 친구들이 내가 설 자리를 열어주는가?

     ② 친구들이 나와 눈을 맞추고 있는지?

     ③ 친구들이 나에게 직접 말을 건네고 있는지?

     ④ 친구들이 나의 이야기에 반응을 하는지?

   (5) 받아준다면 참여하여 대화를 나눈다.

   (6) 아이들이 못 본 척 하거나 대화에 끼어주고 싶어 하지 않을 때에는 조용히 침착하게 빠져 나와 다른 곳으로 간다.

2. 빠져나오기 규칙

1) 다른 곳을 자연스럽게 바라보며 자연스럽게 천천히 몸을 돌린다.

2) 조용히 다른 곳으로 간다.

3) 때로는 헤어짐 말을 한다.

   "아, 화장실 가야겠다", "물 마시러 가야겠다", "난 간당~~"등

4) 화를 내거나 실망하지 말고 다른 곳으로 가면 된다.

   끼어줄 수도 있으나, 그렇지 않을 수도 있다. 이것은 그들의 자유다.

   ※ 대화에 참여하기 위한 시도는 누구나 어렵다는 것을 기억하라.

3. 과제

1) 가족간의 대화에 자녀가 끼어들기를 연습한다.

   (1) 대화에 끼어들기를 하는 동안에

     ① 대화에 끼어들기의 각 단계를 따른다 :

       첫째, 지켜보기/귀 기울여 듣기

       둘째, 기다리기

       셋째, 참여하기

② 만약 받아들여지지 않았다면, 다른 곳으로 빠져나온다.

　(2) 대화에 끼어들기를 한 후에

　　① 부모와 자녀는 대화에 어떻게 끼어들고 빠져나왔는지를 이야기나눈다.

　　☞ 가정에서 가족들간에 연습을 해서 익숙해진다면 학교나 학원에서 시도해본다.

2) '놀림 재미없게 만들기'규칙을 확인하고 가정에서 반복 연습한다. 이 상황은 아동이 능숙해지기 위한 연습과정임을 늘 상기시키고 격려해준다.

• "집에서도 화를 내면 나가서는 더 화를 내거나 싸우는 상황이 될 수도 있다"

• "화를 내는 것은 놀리는 아이를 더 재미있게 만드는거야, 노력하자!!" 등으로 격려한다.

3) 주장조절하기를 연습한다.

• 외식 상황, 과제 수행 상황 등에서 부모의 주도하에 주장조절하기를 연습한다.

4) 가족 간에 서로 도움을 청하고 이에 대해 적절한 감사 인사를 나누며 연습한다. 가능하다면 학교에서도 해볼 수 있도록 격려한다.

5) 하루에 한 가지 이상 부모와 자녀가 서로를 칭찬하고 칭찬노트를 작성한다.

• 일상에서 부모와 자녀 간의 감정을 서로 솔직하게 표현하도록 한다.

6) 부모와 자녀가 일상생활에서 감정 나누기(내 감정 표현하기, 공감하기)를 연습한다.

　(1) 내 감정 표현하기

　"나는 _____ (상황, 행동)일 때, _____ (감정) 라고 느껴"

　　: 나는 네가 제때 숙제를 하지 않아서 속이 상해

　　: 나는 엄마가 내 말을 들어 주지 않아서 속이 상해요 등

　(2) 공감하기

　　① 경청하기/관심있는 태도 보이기

　　② 이해하기 : 내용이해, 상황이해

　　③ 입장바꿔 생각하기 : 감정 이해 '나라면 어땠을까?'

　　④ 적절한 언어적 반응하기 : "아~그랬구나, _____ 겠다"

7) 집단 구성원과의 통화

　(1) 통화를 하기 전 '관심사 알아보기'와 '바른 대화 예절'규칙을 자녀와 함께 점검한다.

　(2) '전화통화 규칙'에 대해 이야기하고 헤어짐 말에 대해 연습해본다.

　(3) 통화한 날의 일상과 그날의 감정에 대해 서로 이야기한다.

　(4) 칭찬받은 일이나 칭찬한 일, 도움을 주고받은 일이 있으면 이에 대해서도 이야기한다.

1. 좋은 게임 친구 되기 규칙

1) 게임의 규칙을 지킨다.

2) 차례를 지킨다.

- 순서를 지켜 번갈아 가며 한다.
- 스포츠 경기를 할 때 공을 독차지하지 않는다.
- 비디오 게임을 할 때는 게임기를 번갈아 사용한다.

  Q. 만약 사이좋게 나누어 차례대로 하지 않는다면?

  (아무도 함께 놀고 싶어 하지 않을 것이다.)

3) 친구를 칭찬한다.

- 게임 중 칭찬의 예:

• "잘했어, 와"	• "나이스"
• "우와! 짱이다"	• "헐"
• "최곤데?"	• "대박"
• "멋지다!"	• 하이파이브 하기
• "Okay! 좋아!"	• 엄지손가락 올리기

4) 게임하는 동안 대장이나, 선생님처럼 행동하지 않는다.

- 친구들의 잘잘못을 판정하거나, 지시를 내리거나 다른 친구들에게 대장처럼 행동하지 않는다.
- 사람들은 대장행세를 하는 사람과 어울리고 싶어 하지 않는다.
- 친구가 도움을 부탁할 때가 아니면, 충고나 조언을 함부로 해서 "도와주지" 않는다.
- 친구를 도우려고 한 행동인데도, 대장 노릇을 하려는 것처럼 보일 수 있다.
- 사람들은 명령하듯이 말하는 친구와 어울리고 싶어 하지 않는다.

5) 지루해지면 변화를 제안한다.

- 게임을 하는 중에 가 버리거나 "재미없어."라고 말하지 않는다.

  Q. 왜 그렇게 말하면 안 될까요?

  (다른 사람의 기분을 상하게 할 수도 있다.)

- 상대방은 재미있을 수도 있기 때문에 의견을 물어야 한다.
- 지루하거나 재미가 없어졌을 때는 "이것 끝나고 나서 다른 것 하면 어때?"라고 말한다.

6) 이겼을 때 뽐내거나 진 사람을 놀리지 않는다.

      Q. 왜 이렇게 하면 안 될까요?

- 이긴 것이 대단한 일이 아닌 것처럼 행동한다.
- 지나치게 흥분해서 뽐내거나 진 사람을 고소해 하면, 다른 사람의 기분이 나빠진다. 친구가 다시는 당신과 함께 놀고 싶어 하지 않을 수도 있다.
- 입장 바꿔 생각하기/ 공감하기

7) 졌을 때 울거나 화내지 않는다.

- 삐치거나 화내면, 앞으로는 다른 친구들이 더 이상 놀고 싶어 하지 않게 된다.

      Q. 게임은 왜 하는가? 이기기 위해 하는가?

      A. 재미있게 놀기 위해 하는 것. 이기면 더 좋지만 졌어도 재미있게 놀았다면 충분!

8) 게임이 끝날 때 "재밌었어" 또는 "잘 놀았어"라고 말한다.

- 이런 행동은 아동이 좋은 게임 친구임을 보여준다.
- 좋은 매너와 행동은 다른 사람의 기분을 좋게 만든다.
- 인기 있는 따뜻한 친구로 가는 비결 중 하나이다.

2. 과제

1) 가정에서 부모와 '좋은 게임 친구 되기' 활동을 연습한다.

2) 적어도 두 명의 친구들 사이에서 대화에 끼어들기를 연습한다.

    (1) 대화 상대자 중에서 적어도 한 명은 알고 있는 대화 상황을 선택한다.

    (2) 평소 자녀를 놀리거나 괴롭히는 아이가 있는 집단에는 끼지 않도록 주의를 준다.

    (3) 부모님과 자녀는 대화에 어떻게 끼어들고 빠져 나왔는지를(적용한 부분에 대해서) 논의한다.

3) '놀림 재미없게 만들기'규칙을 확인하고 가정에서 반복 연습한다. 이 상황은 아동이 능숙해지기 위한 연습과정임을 늘 상기시키고 격려해준다.

- "집에서도 화를 내면 나가서는 더 화를 내거나 싸우는 상황이 될 수도 있다"
- "화를 내는 것은 놀리는 아이를 더 재미있게 만드는거야, 노력하자!!" 등으로 격려한다.

4) 하루에 한 가지씩 이상 부모와 자녀가 서로를 칭찬하기, 도움주고 받기, 주장 조절하기를 연습해보고 기록한다.

5) 집단 구성원과의 통화

    (1) 통화를 하기 전 '관심사 알아보기'와 '바른 대화 예절'규칙을 자녀와 함께 점검한다.

    (2) '전화통화 규칙'에 대해 이야기하고 헤어짐 말에 대해 연습해본다.

    (3) 통화한 날의 일상과 그날의 감정에 대해 서로 이야기한다.

    (4) 칭찬받은 일이나 칭찬한 일, 도움을 주고받은 일이 있으면 이에 대해서도 이야기한다.

3. 실내 게임을 가져온다.

1) 집단구성원과 함께 할 수 있는 실내게임을 가져온다.(나이에 적합한 보드 게임, 카드 게임 등)

    : 혼자 하는 게임은 가져오지 말 것

2) 다음의 물건은 가지고 오지 않는다.

    : 집단 구성원들과 함께 쓰고 싶지 않은 것, 파손 혹은 분실 우려가 있는 것

15 좋은 게임 상대자 되기 II

1. 좋은 게임 친구 되기 규칙

1) 게임의 규칙을 지킨다.

2) 차례를 지킨다.

3) 친구가 게임을 잘 할 경우 친구를 칭찬한다.

4) 대장이나 선생님처럼 행동하지 않는다.

5) 지루해지면 변화를 제안한다.

6) 이겼을 때 지나치게 자랑하거나 진 사람을 놀리지 않는다.

7) 졌을 때 울거나 화내지 않는다.

8) 게임이 끝날 때, "재밌었어" 또는 "잘 놀았다"라고 말하며 좋은 기분을 공유한다.

2. 과제

1) '좋은 게임 친구 되기' 활동을 연습한다.

   (1) 부모님이 관찰할 수 없을 때는, 자녀가 얼마나 좋은 게임 친구가 되었는지 함께 이야기해야 한다.

2) 적어도 두 명의 친구들 사이에서 대화에 끼어들기를 연습한다.

   (1) 대화 상대자 중에서 적어도 한 명은 알고 있는 대화 상황을 선택한다.

   (2) 자녀가 받아들여질 만한 장소(예: 위험 요소가 적은 장소)와 나쁜 평판을 받고 있지 않은 장소에서 시도한다. 당신의 자녀는 새로운 장소를 찾는 것이 필요할 수도 있다.

   (3) 부모님과 자녀는 대화에 어떻게 끼어들고 빠져 나왔는지를(적용한 부분에 대해서) 논의한다.

3) '놀림 재미없게 만들기'규칙을 확인하고 가정에서 반복 연습한다. 이 상황은 아동이 능숙해지기 위한 연습과정임을 늘 상기시키고 격려해준다.

   • "집에서도 화를 내면 나가서는 더 화를 내거나 싸우는 상황이 될 수도 있다"

   • "화를 내는 것은 놀리는 아이를 더 재미있게 만드는거야, 노력하자!!" 등으로 격려한다.

4) 하루에 한 가지씩 이상 부모와 자녀가 서로를 칭찬하기, 도움주고 받기, 주장 조절하기를 연습해보고 기록한다.

5) 집단 구성원과의 통화

   (1) 통화를 하기 전 '관심사 알아보기'와 '바른 대화 예절'규칙을 자녀와 함께 점검한다.

⑵ '전화통화 규칙'에 대해 이야기하고 헤어짐 말에 대해 연습해본다.

⑶ 통화한 날의 일상과 그날의 감정에 대해 서로 이야기한다.

⑷ 칭찬받은 일이나 칭찬한 일, 도움을 주고받은 일이 있으면 이에 대해서도 이야기한다.

Part 4. 부모용 유인물

부 록 |

서 약 서

나는 '**따**뜻한 **친**구 되기 **모**임' 프로그램에 참가하면서 다음과 같은 사항을 지킬 것을 약속합니다.

1. 프로그램에 결석하지 않고, 적극적으로 참여하겠습니다.
2. 다음의 규칙을 잘 지키겠습니다.
   1) 다른 사람들 말을 주의 깊게 듣겠습니다.
      (선생님이나 친구들이 말할 때 떠들지 않는다)
   2) 할 말이 있을 때 손을 들어 표시하겠습니다.
   3) 친구를 존중하겠습니다.
      (방해하거나 비웃지 않기, 욕하지 않기 등)

위의 약속을 잘 지키며 배우고 느낀 것을 실천하도록 노력하겠습니다.

201 년   월   일

☆회기 참여 일지☆

이름: _____

1. 이번 활동에서 나는 어떤 경험을 하였는지 잠시 생각해 보세요. 이번 활동을 통해 새롭게 알게 된 점, 도움이 된 점, 이 시간을 통해서 나에게 생긴 생각, 결심, 행동, 느낌 등의 변화가 있다면 써 보세요.

♧ 오늘 활동을 통해 새롭게 알게 된 점은 무엇인가요?

♧ 오늘 활동 중 어떤 점이 나에게 도움이 되었나요?

♧ 오늘 활동을 통해 나에게 생긴 변화(생각, 행동, 결심, 느낌 등)는 무엇인가요?

♧ 오늘 이 시간을 통해 생각되는 '대화' 에 대해 나만의 정의를 내린다면?

2. 이번 활동에 얼마나 열심히 참여했는지 해당하는 점수에 표시 하세요.

1	2	3	4	5	6	7	8	9	10

안녕하세요, 저는 _____ 입니다.

내 친구 _____ 를 소개합니다.

_____ 초등학교에 다니는 ___학년 ___ 입니다.

제일 좋아하는 음식은 _____ 입니다.

제일 먹기 싫어하는 음식도 있는데요, 그것은 _____ 라고 합니다.

가장 좋아하는 텔레비전 프로그램은 _____ 라고 합니다. 왜냐면, _____ 때문이라고 합니다.

가장 좋아하는 만화캐릭터는 _____ 라고 해요.

그리고, _____ 는 _____ 친구를 좋아한대요.

근데, _____ 친구는 싫다고 합니다. 나는 _____ 친구가 싫어요.

앞으로 나는 _____ 와 '따친모'에서 _____ 지낼 것입니다.

안녕하세요, 저는 __강성민__ 입니다.

내 친구 __이연지__ 를 소개합니다.

__사랑__ 초등학교에 다니는 __5__ 학년 __이연지__ 입니다.

__연지__ 가 제일 좋아하는 음식은 __초밥__ 입니다.

제일 먹기 싫어하는 음식도 있는데요, 그것은 __김밥__ (이) 라고 합니다. 그 이유는 __야채, 특히 오이__ 때문이라고 합니다.

가장 좋아하는 텔레비전 프로그램은 __런닝맨__ (이)라고 합니다. 왜냐면, __하하를 좋아하기__ 때문이라고 합니다.

가장 좋아하는 만화캐릭터는 __겨울왕국의 올라프__ 라고 해요.

그리고, __연지__ 는 __친절하게 말하는__ 친구를 좋아한대요.

근데, __욕을 하는__ 친구는 싫다고 합니다. 나는 __나를 놀리는__ 친구가 싫어요.

앞으로 나는 __연지__ 와 '따친모'에서 __사이좋게__ 지낼 것입니다.

	앞으로 세칸^^		나를 행복하게 하는 것은? (토큰 1개)	한번 휴식~
뒤로 두 칸~				
				팀원 모두 토큰 2개씩~
우리 아빠는 맨날 ....을 한다. 그래서 나는 기분이...... (토큰 1개)				
				우리 엄마는 맨날 ....을 한다. 그래서 나는 기분이...... (토큰 1개)
선생님이 된다면... (토큰 1개)				
		내 마음이 들리니? 네 마음이 보여~		
나의 꿈은 .... (토큰 1개)			도착이다~~ ^^	출발해 볼까~ ^^

기쁘다
1

신난다
1

슬프다
2

화나다
3

행복하다
3

걱정되다
2

따뜻한 친구되기

1. 친구와 대화를 잘하기
　☆경청하기
　☆주고받는 대화하기

2. 마음 알아주기
　☆내 마음 표현하기
　☆친구 마음 읽어주기
　☆칭찬하기
　☆부탁하기
　☆사과하기

3. 재미있게 지내기
　☆좋은 게임 상대자 되기
　☆규칙지키기
　☆차례지키기
　☆이긴 팀 칭찬하기
　☆진팀 위로하기
　☆내 맘대로 하지 않기

부록 II

1. 관련 도서

자폐범주성 장애 관련 도서

▸ 금천아이존 역 (2013). 자폐아동과 함께 놀이하며 배우기 : 부모와 양육자를 위한 실용적 놀이 지침서. 시그마프레스.
▸ 김미경 역 (2015). 엄마에게 보내는 편지: 발달장애, 자폐스펙트럼장애 아동의 부모님을 위한 긍정적 양육방법. 시그마프레스.
▸ 김수연, 박현옥, 이효정 역 (2012). 자폐성 장애인을 위한 시각적 지원: 부모와 전문가를 위한 안내서. 시그마프레스.
▸ 김은경, 전상신 역 (2013). 자폐라는 독특한 매력을 가진 우리 아이와 함께 첫걸음 시작하기. 시그마프레스.
▸ 김지련 역 (2015). 아름다운 벤 : 자폐를 가진 내 아들. 시그마프레스.
▸ 김현아 역 (2013). 자폐가 뭔지 알려줄게. 한울림스페셜.
▸ 김형준 (2011). 자폐학생과 잘 지내기. 한장연.
▸ 김혜리 역 (2001). 자폐아동도 마음읽기를 배울 수 있다. 시그마프레스.
▸ 김혜리, 정명숙, 최현옥 역 (2014). 자폐인의 세상 이해하기: 사회적 관계에 관한 불문율. 시그마프레스.
▸ 문희경 역 (2009). 자폐를 겪는 아이들. 즐거운상상.
▸ 박경은 (2014). 자폐 친구들의 거침없는 하이 킥. 한울림스페셜.
▸ 박경희 역 (2005). 어느 자폐인 이야기. 김영사.
▸ 박랑규, 안동현 (2013). 내일을 기다리는 아이: 자폐스펙트럼 장애를 이겨낸 소년의 1000일의 희망기록. 이랑.
▸ 박선영, 임경신 (2015). 아들아, 오늘도 너의 꿈을 세상에 그리렴: 자폐성 장애인을 둔 가족에게 보내는 응원. 카모마일북스.
▸ 박재국 역 (2014). 발달장애 아동의 마음읽기. 시그마프레스.
▸ 신현기. 김은경 역 (2011). 자폐 소년 제이맥 농구로 말하다. 이너북스.
▸ 신홍민 역 (2008). 자폐 어린이가 어른에게 꼭 알려주고 싶은 열 가지. 한울림스페셜.
▸ 양명희 역 (2008). 자폐아동과 숫자로 대화하는 5점 척도. 시그마프레스.
▸ 양문봉, 신석호 (2011). 자폐스펙트럼장애 AtoZ. 시그마프레스.
▸ 이규원 역 (2010). 부모와교사를위한자폐아이생활백서. 한울림스페셜.
▸ 이현진, 박영신 역 (2010). 자폐아 가정의 좌충우돌 성장 이야기. 학지사.
▸ 임두원 역 (2002). 자폐아 행동의 이해와 대처방법. 하나의학사.
▸ 조선미, 김현정 역 (2013). 자폐아이 제노의 뒤죽박죽 하루. 한울림스페셜.
▸ 주정은 역 (2010). 사랑하는 나의 아들아 : 자폐아를 감싸 안으며. 자음과 모음.
▸ 채희태, 김희규 역 (2011). 자폐아동을위한 지원전략 100ideas. 시그마프레스.
▸ 최윤미 역 (2010). 자폐아와 친구해요. 문학동네.
▸ 최주언 역 (2015). 자폐아동의 부모를 위한 101개의 도움말. 한국심리치료연구소.
▸ 홍한별 역 (2005). 나는 그림으로 생각한다: 자폐인의 내면 세계에 관한 모든 것. 양철북.

아스퍼거증후군 관련 도서

▸ 김선주역 (2012). 고양이는 모두 아스퍼거증후군이다. 고슴도치.
▸ 김세주,김민석,김유리역 (2014). 아스퍼거증훈군이 아닌척하다. 시그마프레스.
▸ 김예니역 (2012). 어른들을 위한 아스퍼거증후군: 보기 쉽고 이해하기 쉬운 그림풀이. 한결미디어.

▸ 김혜리,조경자,이수미역 (2008). 아주 특별한 마음: 자폐 및 아스퍼거증후군 아동의 이해. 시그마프레스.

▸ 박현옥,이효정역 (2013). 아스퍼거 패밀리가 사는법. 한울림스페셜.

▸ 신석호 (2013). 비언어성학습장애아스퍼거증후군:사회성 및 시지각발달의 어려움. 시그마프레스.

▸ 이대환,조미화,정재석역 (2010). 비언어성학습장애 아스퍼거장애 아동을 잘 키우는방법. 시그마프레스.

▸ 이상연역 (2006). 세상과 소통을 꿈꾸는 아스퍼거증후군 아이들. 궁리.

▸ 이재훈역 (2014). 아스퍼거 아동으로 산다는 것은?. 한국심리치료연구소.

▸ 이주현역 (2009). 별종괴짜 그리고 아스퍼거증후군. 학지사.

▸ 홍새나 (2012). 그래도 난 너를 사랑해: 특별한 아이를 키우며 알게된 새로운 세계. 지와사랑.

ADHD 관련 도서

▸ 김미예,박완주,서지영,장군자역 (2009). ADHD 부모를 위한 가이드북. 수문사.

▸ 김선주역 (2013). 강아지는 모두 ADHD 래요: 아이와 함께 읽는 ADHD 이야기. 고슴도치.

▸ 김세주,김민석역 (2007). 주의력결핍과잉행동장애의 이해: 성공적으로 극복한 젊은이들의 조언. 시그마프레스.

▸ 김유숙,박진희,최지원 (2010). ADHD 아동. 이너북스.

▸ 김은혜,김진학역 (2015). 부모가 알아야 할 주의산만증 아이 다루기: 세 아이가 주의산만증 ADHD이었던 정신과 의사의 진솔한 이야기. 움직이는서재.

▸ 김태훈 (2010). 산만한 우리 아이 혹시 ADHD. 청출판.

▸ 단국대학교의료원환경보건센터 (2012). 슈퍼스타 집중이: 좌충우돌 ADHD 극복 분투기. 한울림스페셜.

▸ 민성혜역 (2008). 주의력결핍장애 주의력결핍과잉행동장애 아이들을 위한 지도서 (멋진친구가 될 수 있어요). 시그마프레스.

▸ 박세영역 (2008). ADHD 연구반(왁자지껄). 교육지대.

▸ 변명숙역 (2011). ADHD 아동의 문제를 강점으로 바꾸는 101가지 방법. 시그마프레스.

▸ 서유진역 (2007). ADHD로 고통받는 아이들. 즐거운상상.

▸ 아이누리한의원역 (2010). ADHD 이해하고 치유하기. 북피아.

▸ 안동현역 (2013). ADHD가 뭔지 알려줄게. 한울림스페셜.

▸ 양돈규,변명숙역 (2007). 주의력 결핍/과잉행동장애 ADHD 아동의 재능. 시그마프레스.

▸ 양명희,황명숙역 (2007). 얘들아 천천히 행동하고 주의 집중하는것을 배워보자: ADHD 극복하기. 학지사.

▸ 이경아,이정림역 (2010). ADHD 부모 지침서. 시그마프레스.

▸ 이선숙역 (2012). ADHD 아이들을 위한 활동: 교사 청소년 상담사 명상 캠프 지도자 부모를 위한 지침서. 명상상담연구원.

▸ 이선희역 (2015). 산만한 우리 아이 괜찮은걸까?: 심리학이 말해주지 않는 우리 아이 마음속의 비밀. 좋은씨앗.

▸ 이승호,이영나역 (2010). ADHD와 나. 시그마프레스.

▸ 이영민 (2015). 흔들리지 않고 ADHD 아이 키우기: 엄마의 감정조절을 돕고, 아이의 자존감을 지키는 ADHD양육법. 팜파스.

▸ 이재욱역 (2014). ADHD와 사회성 기술들: 교사와 부모를 위한 단계별 안내. 교육과학사.

▸ 조아라역 (2005). 리틀몬스터(대학교수가 된 ADHD 소년). 학지사.

▸ 조아라,강일선역 (2010). 100문 100답: 자녀의 주의력결핍 과잉행동장애 ADHD. 하나의학사.

▸ 황순영역 (2014). ADHD에 관한 100문 100답. 시그마프레스.

2. 관련 영화

- 말아톤
- 레인맨
- 내 이름은 칸
- 카드로 만든 집
- 템플 그랜딘
- 모짜르트와고래
- 네이든
- 케빈을위하여
- 이보다 더 좋을 수 없다
- 빈센트: 이탈리아 바다를 찾아
- 뷰티풀 마인드
- 비버
- 7월4일생
- 인사이드아웃
- 마미
- 퍼시잭슨과번개도둑

참고 문헌

- 김종진, 김영화 (2002). 사회적 기술 향상 프로그램이 ADHD 아동의 충동성 및 자기통제력에 미치는 효과. 초등교육 연구, 15(2), 403-424.
- 김향지 (1996). 사회적 기술 검사의 타당화 연구: 초등학교 정신지체 아동을 대상으로. 특수교육학회지, 17(1), 121-155.
- 박동춘, 민천식 (2008). 통합교육 장면에서 인지-사회적 역할놀이가 아스퍼거 장애아동의 사회적 기술에 미치는 효과. 초등교육연구논총, 24(2), 13-158.
- 박영아, 장세희 (2011). 사회상황이야기와 동작활동을 결합한 사회기술훈련이 ADHD 아동에게 미치는 효과. 아동학회지, 32(1), 124-140.
- 박현진, 허자영, 김여화, 송현주 (2011). ADHD 아동을 위한 인지증진훈련, 사회기술훈련, 부모교육 병합 프로그램 개발 및 효과. 정서행동장애연구, 27(3), 25-28.
- 서경희 (2001). 아스퍼거 증후군: 인지적 결손을 중심으로. 재활심리연구, 8(2), 83-103.
- 온싱글, 신민섭 (2007). 사회성 결함이 있는 소아정신과 장애 아동을 위한 사회성 기술 훈련 프로그램의 효과. 인지행동치료, 7(2), 1-16.
- 유희정, 반건호, 조인희, 서전성, 김은경, 전상신 외 역 (2013). 부모와 함께 하는 자폐스펙트럼장애 청소년 사회기술

훈련. 시그마프레스.

▸ 이경숙, 홍정은 (2002). 아스퍼거 장애 중학생의 사회인지 향상 프로그램 적용 사례. 놀이치료연구, 6(2), 75-91.

▸ 이순, 조아라 역 (2005). 리틀 몬스터: 대학교수가 된 ADHD 소년. 학지사.

▸ 이정은, 김춘경 (2000). ADHD 아동을 위한 사회기술 향상 집단상담 프로그램 적용연구. 놀이치료연구, 4(2), 59-77.

▸ 이정은, 김춘경 (2002). 사회기술향상 프로그램이 ADHD 아동의 사회기술과 ADHD 주요증상 변화에 미치는 효과. 정서학습장애연구, 18(2), 207-223.

▸ 이주현 역(2009). 별종, 괴짜 그리고 아스퍼거 증후군. 학지사.

▸ 이혜숙 (2007). ADHD 아동을 위한 사회기술훈련 프로그램의 개발과 효과. 초등상담연구, 6(1), 171-191.

▸ 임윤희, 김미한, 최연희 (2010). ADHD 경향 아동의 사회기술훈련 프로그램의 효과. 한국학교보건학회지, 23(2), 234-245.

▸ 임혜정, 김혜리, 손정우, 김영랑 (2008). 학령기 ADHD 아동에 대한 사회기술훈련과 부모훈련의 병합치료 효과. 유아교육, 17(1), 225-239.

▸ 장혜경 (2007). 사회기술훈련 집단미술치료 프로그램이 ADHD 아동의 사회기술과 문제행동에 미치는 효과. 미술치료연구, 14(4), 669-690.

▸ 최성욱, 김민정 (2007). 국내 인지행동 중재전략의 연구 동향 분석: 1996-2006년 발달장애 관련 문헌을 중심으로. 특수교육저널 : 이론과 실천, 8(4), 365-387.

▸ 한은선, 안동현, 이양희 (2001). 주의력결핍 과다행동장애 아동에서 사회기술훈련. 소아·청소년 정신의학, 12(1), 79-93.

▸ Attwood, T. (1998). Asper's Syndorme. London: Jessica.

▸ Attwood, T. (2007). The Complete Guide to Asperger Syndrome. London: Jessica Kingsley.

▸ Baker, J. E. (2004). Social Skills Training. Autism Asperger Publishing Company.

▸ Caldarella, P., & Merrell, K. W. (1997). Common dimensions of social skills of children and adolescents: a taxonomy of positive behaviors. School psychology review, 26(2), 264-278.

▸ Gustein, E. S., & Whitney, T. (2002). Asperger Syndrome and the developmental of social competence. Focus on Autism and Other Developmental Disabilities, 17(3), 161-171.

▸ Heflin, L. J., & Alaimo, D. F. (2007). Students with autism spectrum disorders: Effective instructional practices. Upper Saddle River, NJ: Pearson Merrill Prentice Hall.

▸ Laugeson, E. A., Frankel, F., Gantman, A., Dillon, A. R., & Mogil, C. (2012). Evidence-based social skills training for adolecents with autism spectrum disorders: The UCLA PEERS Program. Journal of Autism and Developmental Disorders, 42(6), 1025-1036.

▸ Quill, K (1995). Teaching children with Autism: Strategies to enhanve communication and socialization. New York: Delmar.

저자 소개

전상신

저자 전상신은 단국대학교 특수교육대학원에 재직 중이며 ASD 아동을
대상으로 하는 사회성 지도와 놀이 치료에서의 풍부한 경험과 ASD 아동에 대한
뜨거운 애정을 바탕으로 ASD 아동 및 청소년, 성인과 그들의 부모님들에게
실제적인 상담 및 지원을 지속적으로 하고 있다.

김은경

저자 김은경은 단국대학교 특수교육과에 재직 중이며, ASD 아동들의 독특한
매력에 깊이 빠져 우리 아이들을 위한 지원 및 교육에 관해 연구하고 가르치고 있다.

따뜻한 친구가 되어 줄게요!

지은이	전상신, 김은경
발행인	최윤정
발행처	재단법인 파라다이스복지재단
주소	서울시 중구 퇴계로 299 **전화** 02-2277-3296 **팩스** 02-2277-3124
등록	2002 년 5 월 13 일 (23532 호) **ISBN** 978-89-90604-70-5 133707
판매처	✿ 아이소리몰 http://isorimall.com **전화** 1544-2311

이 도서의 국립중앙도서관 출판시도서목록 (CIP) 은 서지정보유통지원시스템 홈페이지 (http://seoji.nl.go.kr) 와
국가자료공동목록시스템 (http://www.nl.go.kr/KOlisnet) 에서 이용하실 수 있습니다 (CIP 제어번호 : CIP2016016568)